D1795674

NEUDRUCKE
DEUTSCHER LITERATURWERKE

Neue Folge

Herausgegeben von
Robert Seidel und Johann Anselm Steiger

Band 86

JOHANN CHRISTIAN GÜNTHER

Textkritische Werkausgabe
in vier Bänden
und einer Quellendokumentation

Herausgegeben von Reiner Bölhoff

Band V.2

De Gruyter

JOHANN CHRISTIAN GÜNTHER

Quellendokumentation

Teil 2
Einzeldrucke

De Gruyter

ISBN 978-3-11-045164-1
e-ISBN (PDF) 978-3-11-045309-6
e-ISBN (EPUB) 978-3-11-045166-5

Library of Congress Cataloging-in-Publication Data
A CIP catalog record for this book has been applied for at the Library of Congress.

Bibliografische Information der Deutschen Nationalbibliothek
Die Deutsche Nationalbibliothek verzeichnet diese Publikation in der Deutschen Nationalbibliografie;
detaillierte bibliografische Daten sind im Internet über http://dnb.dnb.de abrufbar.

© 2015 Walter de Gruyter GmbH, Berlin/Boston
Satz: pagina GmbH, Tübingen
Druck und Bindung: Hubert & Co. GmbH & Co. KG, Göttingen
∞ Gedruckt auf säurefreiem Papier

Printed in Germany

www.degruyter.com

Inhaltsübersicht

Vorwort   VII

Herkunft der Abbildungen   VIII

Einzeldrucke

Abb. 1–4	Leichengedicht Fuchs, 9.1712	1
Abb. 5–11	Lat./dt. Geleitgedichte Fischer/Anders, 4.1713	5
Abb. 12–15	Geleitgedicht Hahn, 3.1714	12
Abb. 16–19	Geleitgedicht v. Reibnitz, 3.1714	16
Abb. 20–26	Lat. Geleitgedicht v. Reibnitz, 3.1714	20
Abb. 27–30	Glückwunschgedicht Schmolcke, 12.1714	27
Abb. 31–34	Neujahrskantate Schaffgotsch, 1.1715	31
Abb. 35–38	Friedenskantate, 9.1715	35
Abb. 39–46	Theodosius-Programm, 9.1715	39
Abb. 47–50	Leichencarmen v. Eben, 4.1717	47
Abb. 51–54	Promotionsgedicht Hahn, 10.1717	51
Abb. 55–58	Hochzeitsgedicht Longolius/Krantz, 11.1717	55
Abb. 59–62	Promotionsgedicht Heinichen, 2.1718	59
Abb. 63–66	Geleitgedicht v. Niecksch, 4.1718	63
Abb. 67–70	Eugen-Ode, 7.1718	67
Abb. 71–94	Crispin-Satire, 7.1718	71
Abb. 95–98	Promotionsgedicht Freiesleben, 9.1718	95
Abb. 99–102	Hochzeitsgedicht Ziegler/Riedel, 10.1718	99
Abb. 103–106	Promotionsgedicht Gorn, 10.1718	103
Abb. 107–110	Promotionsgedicht Gorn, 10.1718	107
Abb. 111–118	Hochzeitsgedicht Küster/Wilcke, 10.1718	111
Abb. 119–122	Hochzeitsgedicht Winckler/Kistner, 10.1718	119
Abb. 123–126	Geleitgedicht Gorn, 11.1718	123
Abb. 127–130	Hochzeitsgedicht Hanck/Klingner, 2.1719(?)	127
Abb. 131–134	Promotionsgedicht Baudiss, 2.1719	131
Abb. 135–138	Geleitgedicht Löbin, 10.1721	135
Abb. 139–146	Hochzeitsgedicht Aßmann/Aßmann, 10.1721	139
Abb. 147–150	Leichencarmen Keßler, 2.1722	147
Abb. 151–154	Leichencarmen v. Breßler, 5.1722	151
Abb. 155–158	Hochzeitscarmen Schäl/Kirchhoff, 8.1722	155
Abb. 159–162	Hochzeitskantate Schäl/Kirchhoff, 8.1722	159
Abb. 163–166	Leichencarmen Beck, 11.1722	163
Abb. 167–170	Leichencarmen Beck, 11.1722	167
Abb. 171–177	Hochzeitsgedicht Latzke/Herbst, 1.1723	171
Abb. 178–185	Der Knaster, 1747	178

Verzeichnis der Textanfänge   187

Errata, Corrigenda, Addenda zu Bd. I–IV   189

Vorwort

Im Unterschied zu den Handschriften haben sich die Einzeldrucke von Günthers Gedichten fast vollständig erhalten: 35 von ehemals 38 dieser ersten Gelegenheitsdrucke sind noch verfügbar, wenn auch meist nur noch in je einem einzigen Exemplar.

Die Einzeldrucke sollen ein Bild von der ersten Präsentation der Gedichte anläßlich der besungenen Gelegenheiten vermitteln, außerdem scheint es ratsam, auch diese Textzeugnisse optisch zu konservieren. Sie sind allerdings nicht immer fehlerfrei, da sie von Günther offensichtlich nicht kontrolliert wurden. Die Drucke stammen aus den Jahren 1712 bis 1723; der letzte Druck zeigt zusätzlich eine Umformung des populären Tabak-Liedes 24 Jahre nach dem Tod des Dichters, gehört also schon zur Wirkungsgeschichte. Sind in einem Druck zu einer bestimmten Gelegenheit auch Texte anderer Autoren enthalten, werden sie mit abgebildet, um Günthers Beiträge in den anlaßbezogenen Kontext zu stellen und die Gesamtansicht des Textzeugen nicht zu zerstören. Die Größe der Einzeldrucke kann hier nicht maßstabsgetreu wiedergegeben werden, die Originalmaße werden aber in Band I.2 dieser Ausgabe (S. 92–107) genannt. Da die Edition vornehmlich für Kenner und Fachleute konzipiert ist, haben wir bei den Einzeldrucken auf Transkriptionen verzichtet.

Für die Erlaubnis zur Abbildung sei wieder vor allem der Biblioteka Uniwersytecka we Wrocławiu gedankt, dazu der British Library in London (Abb. 67–70).

Ein Desiderat bleibt die gemeinsame Veröffentlichung der ca. 100 Vertonungen von Günther-Gedichten aus dem 18. und 20. Jahrhundert mit den Originalfassungen, modernen Umschriften und mit alten und neuen Einspielungen. Immerhin hat Christof Stählin (1942–2015) noch 27 der 28 Lieder seiner beiden Günther-LPs von 1977/1979 als CD neu herausgebracht (2014).

Herkunft der Abbildungen

33 der 35 abgebildeten Einzeldrucke werden in der Universitätsbiliothek Breslau/Wrocław aufbewahrt, Sign. 352313–14, 367102, 561235–40, 561244–65, 563911, 568024.

Der Einzeldruck der Eugen-Ode befindet sich in der British Library London, Sign. 11501.k.14.(4.); die spätere Bearbeitung des Tabak-Gedichts 'Der Knaster' ist außer in London auch in der Universitätsbibliothek Leipzig zu finden, Sign. Lit. germ. E 6364.

Alle Titelseiten und das vollständige Tabak-Gedicht sind in den Bänden I und II der Günther-Bibliographie des Herausgebers abgebildet (1980/1983). Vollständig reproduziert wurden ferner die Friedenskantate für Kaiser Karl VI. (1715), das 'Theodosius'-Programm (1715) sowie das Hochzeitsgedicht Aßmann/Aßmann (1721) in Hans-Georg Potts Tagungsband (1988).

Verschollen sind drei Einzeldrucke aus Breslau: das Hochzeitsgedicht v. Schweinichen/ v. Seidlitz (1713), das Leichencarmen v. Seidlitz (1714) und das Lobgedicht v. Sporck (1721). Nicht abgebildet wurden vier Einzeldrucke von Gedichten, die nicht von Günther stammen: das Promotionsgedicht J. G. Hahn von J. G. Milich (1716), das Promotionsgedicht J. S. Hahn von J. G. Milich (1717), das Glückwunschgedicht Stieff von Th. Speer (1717) und das Hochzeitsgedicht Kuntze/Weber eines Anonymus G. G. B. (1723).

Abb. 1

I

Als Der
Hoch-würdige/ in GOtt Andächtige/ Großachtbahre/
und Hoch-gelahrte

Herr/

Hr. Gottfried

FUCHSIUS,

Der Evangelischen Kirche und Schulen zur Heiligen
Dreyfaltigkeit vor Schweidnitz Hoch-verdienter Inspector,
Paſtor Primarius und Scholarcha,

Seinen Jüngſten hertzlich geliebten Sohn/

THEOBALD

Gottfried

den 5. Septembr. Anno 1712.
In Hoch-anſehnlicher Volckreicher Trauer-Verſammlung
beerdigen ließ :
Sollte ſein ſchuldiges Mitleiden/
Durch dieſen einfältigen Reim /
gehorſamſt bezeigen /

Des Hoch-betrübten vornehmen Prieſterl. Hauſes
unterthäniger Knecht/
Wie auch
des Seeligſt verſtorbenen
treu-geweſener Commilito

Johann Chriſtian Günther/

Schol. Svidn. Alumn.

Schweidnitz/ druckts Johann Siegismund Ockel.

Leichengedicht Fuchs vom Sept. 1712, S. 1
Vgl. Band I.1, S. 3–6

Nimm / Großer Aaron!

Von deines Knechtes Händen
Den schlechten Trauer-Thon bey tausend Thränen an;
Mein Unvermögen läst mich ietzt nichts bessers senden.
Als GOtt den grossen Riß in Deiner Brust gethan:
Ward auch zugleich mein Sinn durch solchen Fall erschüttert /
So daß sich Geist und Krafft zur Poesie verlohr /
Die Schule / welche noch ob diesem Schlage zittert /
Hüllt aus Betrübnis sich in den geschwärtzten Flor.
Sie weinet vor Verdruß bey des entseelten Baare /
Auf die man aber mahl ein Glied aus ihr gelegt.
Und klagt / daß man den Rest der annoch grünen Jahre /
Der Jugend Purpur-Kleid / mit Ihm zu Grabe trägt.
Es rufft ihr blasser Mund: Wie? kan ich wohl bestehen?
Wenn das Verhängnüß sich an meine Kinder wagt;
Darf sein verwegner Fuß in diese Tempel gehen /
Wo man nur nach Verstand und guten Künsten fragt?
Es zeigten bald darauf die untermengten Zähren
Daß Zorn und Kümmerniß die schwache Zunge band;
Doch mich ermahnte sie besonders zu gewehren.
Was der Gehorsam mir vor andern zu erkänt /.
Hier stellt sich / grosser Mann! die Pflicht / so mir gebühret /
In Schaalen ohne Kern / mit aller Einfallt ein /
Wo sie die Hoheit nicht von Deinem Nahmen zieret /
So werden es gewiß nur leere Schlacken seyn.
Du bists / den Stadt und Land des HErren Priester nennet /
In welchem sich der Geist des Eleasars regt /
Dein Ruhm / den alle Welt / auch unser Zion / kennet /
Bleibt nunmehr ewiglich in Marmor eingeprägt.

Du

Leichengedicht Fuchs vom Sept. 1712, S. 2
Nimm, Großer Aaron! Von deines Knechtes Händen, Z. 1–28

Abb. 3

3

Du weist dein Israel/ wie sichs gebührt/ zu führen/
Worüber Dich der HErr zum Hirten längst gesetzt.
An Dir kan Jedermann des Pauli Eyfer spüren/
Wo er Eliæ Geist nicht etwan höher schätzt.
Die Andachts-volle Gluth der unbefleckten Flammen/
Die Dein zerknirschtes Hertz vor Gottes Antlitz bringt/
Will selbst der Höchste nicht/ warum ein Mensch? verdammen/
Dein Lehren/ dessen Krafft durch Marck und Adern bringt/
Giebt Körner ohne Spreu/ reicht die erwünschte Speise/
Des HErrn reines Wort den matten Schaafen dar;
Dein Warnen schützet sie auf der bedrängten Reise
In jenes Canaan/ und zeiget die Gefahr.
Dein Balsam Gileads erqvickt die zarten Seelen/
Dein Donner schreckt und schlägt auf die verführte Welt/
Er reisset manches Schaaf aus jenen Mörder-Hölen/
Wo ein Beelzebub die schwartze Hofstadt hält.
Laß nur/ Hochwürdiger/ was hier ein Kiel geschrieben/
Der Dich/ o theures Haupt/ in tiefster Demuth ehrt/
Nach Deiner Vater-Huld vor ietzo Dir belieben
Von diesem/ den Dein Mund des HErren Wege lehrt.
Ich muß den harten Schluß des Himmels zwar bedauren/
Der den geliebten Sohn so zeitig von uns reist;
Doch Er erfreut sich itzt in Salems sichern Mauren/
Wo Er des Höchsten Lob mit tausend Psalmen preist;
Nun kan der Himmel Ihm zu einer Schule werden/
Es ist der Weißheit Glantz sein wahres Eigenthum/
Ja Er verlacht den Tand der Klügsten auf der Erden/
Und achtet nur wie Glaß den allergrösten Ruhm/
Hier speist Ihn Engel-Brodt an statt Aegyptens Bohnen/
Kein tödtlich Seelen-Gifft versaltzet seine Kost/
Ihn ziert ein grosser Schmuck von vielen Käyser-Cronen/
Sein Seelen-Malvasier ist mehr als Nectar-Most.
Er darf nicht wie zuvor in Kedars schwartzen Hütten/
Wo man Zeboims Mord und Drachen-Hölen sieht/
Um ein erwünschtes Heil und die Erlösung bitten/
Weil ewig Wohlergehn auf seiner Scheitel blüht.
Er hat den schweren Streit des Todes überstanden/
Dem er sich auch nunmehr als Uberwinder zeigt/
Er kommt ins Paradeiß befreyt von seinen Banden/
Wo alles Hertzeleid und aller Kummer schweigt.
Bethörte Sterblichen! weg mit gelehrten Sprüchen/
Die nur jemahls Athen und Latien erdacht/

Es

Leichengedicht Fuchs vom Sept. 1712, S. 3
Nimm, Großer Aaron! Von deines Knechtes Händen, Z. 29–70

Es hat ein eintzig Wort sie zu den ärgsten Flüchen
     Bey Dir / o Seeligster! durch seinen Werth gemacht;
Der Nahme deß / der uns die Seeligkeit erworben /
     Muß Dir Dein bester Spruch im letzten Kampffe seyn /
Ist in dem Munde gleich die Zunge fast erstorben /
     So will Dein matter Geist: Mein JEsu hilff mir; schreyn.
Beglückt wer so wie Du Gomorrhens Blut-Gerüchte /
     Und Sodoms Zauber-Wein / so bald er kan / verläst /
Ein Gosen reicht uns dort weit beßre Zucker-Früchte
     Woraus man Götter-Tranck und Muscateller prest.
Entseelter Jonathan! schlaff in dem kühlen Sande /
     Biß einst der grosse Bau der festen Erden bricht /
Dein nunmehr freyer Geist schwebt im gelobten Lande
     Wo er von JESU viel und dessen Wahrheit spricht.
Aus Nain führt dich GOTT auf Thabors Freuden-Hügel /
     Wo deiner Seelen Schatz kein Höllen Geyer raubt;
Mit Thrähnen geh ich zwar von deines Grabes Riegel /
     Doch sey mir stets ein Blick nach deiner Grufft erlaubt.

Leichengedicht Fuchs vom Sept. 1712, S. 4
Nimm, Großer Aaron! Von deines Knechtes Händen, Z. 71–88

Abb. 5
5

CONSOCIATA
COMMILITONUM
Qvorundam
JUVENIBUS ORNATISSIMIS
JOANNI
GODOFREDO
FISCHERO
Svidnicensi,
Et
CASPARI
ANDERSIO
Reichenbachensi,
Abitum
ex Schola A. C. Svidnicensi
IN ACADEMIAS
Gratulantium
VOTA.

1713.
Svidnicii,
Typ. Joannis Sigismundi Okelii.

Geleitgedichte Fischer/Anders vom April 1713, S. 1
Vgl. Band I.1, S. 109–111

* * *   * * *   * * *

Vos noster complexus amor, quos jun-
xit amoena
  Sorte mihi fido pectore nata fides;
Sumite collectas fraterna mente coronas
  Quas dilectorum plexit amica manus.
Noster at apricos vobis dum fpargere flores
  Geftit amor, violis gramina mixta feram.
Nam pius alterni imponam bafia dextris
  Magnaque non magno carmine vota dabo.
I Juvenum perdocta cohors, quo montis amores
  Cecropii, quo te Caftalis unda, vocant.
Saxonis Albiacas procul hinc invife Camoenas
  Quique regant Docti nunc Helicona vide.
Nulla tuas fortuna vias adverfa moretur,
  Non defint ftudiis praemia digna tuis.
Ut pofitis tandem curis pofitoque labore
  Ad patrios poffis culta redire lares.
                    ):(2   Inter-

Geleitgedichte Fischer/Anders vom April 1713, S. 2
Qvos noster complexus amor, quos junxit amoena, Z. 1–16 (J. G. Hahn)

Abb. 7 7

Interea quem non longo vifurafodalem
  Tempore, fub grato pectore quaefo tene.
Sic ego non patiar mea mens ut perdat amicos;
Ut pereant a nimis infita corda meis.

Joannes Godofredus Hahn, Svidn.

Eu quod nulla mihi cum facro foedera Pindo!
Percutiant lauris decorati plectra Poetae
Dulcia Phoebeis, & fuavia cantet Olorum
Plebs bene docta Melos refonanti Carmina
                                    Voce.
Sed mihi nunc rauco liceat clamore Camoenas
Turbare,& Clarios Phoebi inter ftridere cantus,
Non veftrum credo Juvenes Ceffaffe Favorem,
Quo me vefter amor veftri eft dignatus amantem,
Qui recte votis jusfit me jungere vota.
Numina vos jubeant, Juvenes, divina valere,
Quos ego fraterno dudum complexus amore.
Omne folum vobis, amplo locus omnis in orbe
Sit Patria, & ftudiis veftris quoque Mater amica.
Leucoris Alma novos hos fufcipe quaefo Colonos,
Fac Patriae reddas redimitos tempora lauro,
Vos autem memori fervetis Pectore fidum,
Quem mire vefter cruciat difceffus amicum;
Eheu! quam moeftus vobis acclamo: Valete.

Joannes Sigismundus Hahn, Svid.

Ufcipe, Lecta Cohors, noftri documenta favoris,
  Sylveftres, hilari, fufcipe, fronte, modos.
Noftra qvidem raro vatum tepefacta furore

Pega-

Geleitgedichte Fischer/Anders vom April 1713, S. 3
Qvos noster complexus amor, quos junxit amoena, Z. 17–20 (J. G. Hahn)
Heu quod nulla mihi cum sacro foedera Pindo! Z. 1–18 (J. S. Hahn)
Suscipe, Lecta Cohors, nostri documenta favoris, Z. 1–3 (Günther)

Pegaſeo nunqvam Pectora fonte calent;
Nec facili veneres ludunt in Carmine, Phoebo
  Nec noſtro Charitum contigit eſſe procum.
Mens tamen, ingrati fugiens oſtendere vultus,
  Exhibet, officii, debita vota, ſui.
Veſtra mihi, Juvenes, pietas & cognita virtus
  Atqve Fides omni tempore lecta fuit.
Hactenus una boni melior doctrina Magiſtri
  Nos idem & firmo foedere junxit amor.
Nunc vos excultae collecta Scientia mentis
  Sacratum pindi Culmen adire jubet.
Ite, Deo Comitante, ſimul ſtudiisqve coactis
  Diſcite Pierii qvod juga montis habent.
Patria ſic veſtros olim expertura labores
  Gaudebit tantos ſe genuiſſe Viros.

      Joannes Chriſtianus Güntherus. Strieg.

EXhauſtum corpus, morbo langventia Membra
Spectaſtis, multaqve natantia lumina nocte,
Dilapſamq; oris formam, & jam morte ſub ipſa
Eluctantem animam, ſuſpiriaqve aegra trahentem;
PERCHARI, inviſum metuentes funus amici,
Veſter ſollicitum vultus teſtatus amorem eſt,
In me aegrum obtutu defixo immobilis haerens.
Et veſtras fulcire manus mea tempora vidi,
Alloqviisqve piis lentos lenire dolores,
Conantes alias langventi condere ſortes.
Has dedit ex voto veſtro DEUS: aſt pia vota
Reddere cum vobis ſatago, langveſcere venam,
Qvae fluere in dulces debebat carmine voces,
Sentio, & attritos mihi diſſvadere laborem
Artus: aſt alii ſtrepitent modulatius: ora
Me Jubet in parcas amor ilico ſolvere laudes.

              Euſe-

Geleitgedichte Fischer/Anders vom April 1713, S. 4
Suscipe, Lecta Cohors, nostri documenta favoris, Z. 4–18 (Günther)
Exhaustum corpus, morbo langventia Membra, Z. 1–16 (G. G. Janitschius)

Abb. 9

9

Eufebien, FISCHERE, còlis, qvae fervet honores
Promeritos, fua te ut pofcant in Gaudia Cives.
Expectant calcata prius Te roftra Sionis,
ANDERSI, hoc fperant cari e Parnasfide Fratres.

Et horum piae turbae admiftus ex morbo
diuturno adhuc langvens

G. G. Janitfchius. Svidn.

Sonnet!

Jchts anders als Verdruß beſtürmet Seel
und Geiſt/

Mein Anders / daß ich dir nichts anders
aufgeſetzet

Als was die eckle Welt vor eitle Wahren ſchätzet
Und dein geübter Sinn der Einfalt Ausbruch
heiſt;

Doch wie ſich manche Ganß auch unter Schwa-
nen weiſt

In Hippocrenen Qvell ſich manche Dole netzet
So dencke/ hab ich gleich die Poeſie verletzet/

Daß ſie mich nicht wie dich mit Milch und Honig ſpeiſt;

Geh nur indeſſen hin/ vermehre deinen Fleiß/
Da/ wo die Caſtalis aus goldnen Röhren flieſſet

Und

Geleitgedichte Fischer/Anders vom April 1713, S. 5
Exhaustum corpus, morbo langventia Membra, Z. 17–20 (G. G. Janitschius)
Nichts anders als Verdruß bestürmet Seel und Geist, Z. 1–10 (F. v. Bock, i.W. Günther)

Und mit der Elbe sich als eine Schwester küsset;
   Die Cantzel welche schon von deinen Lehren weiß
Wird in Elysien vielleicht nach wenig Jahren/
An dir was Hippon einst vom Augustin erfahren.

Auctor A Johann   **Friedrich von Bock/**
Chrn. Günther
                                  Eqves Silef.

SI Charitum pia turba mihi mea plectra moveret,
   Si refponderent nomina nunc calamo;
Aut Mufa ex Veteri fi jam mea Verba juvaret
   Charifius, Rhetor Grammaticusqve potens :
Gratius ex ficca fluerent mea Carmina vena;
   Spiraret grato hic murmure grata Charis.
At Charites odere meas, mihi credite, Mufas ;
   Nec venit in numeros Gratia grata meos.
Nec difceffuris de more Chariftia dicam ,
   Non locus in Pindo eft appofuiffe Dapes.
Sed faciles vobis Charites precor undiqve: coepta
   Fortunet femper Numinis alma Charis.

                       Ehrenfr. Guilielm. Charifius. Sv.

On amo te, fero quod pofcis Carmen, Amice,
   Cur alios citius commonuiffe potes?
Rem fcio; vis noftros Anfer ftrepat inter Olores
   Sat rauco, faciam, Carmine verba legas.
I, Fifchere, Comes Anderfi, Numine faufto,
   Parcius aft tales experiare Viros.
Si placet hoc murmur, Te iterum placatus amabo,
   Et nullo dicam tempore: Non amo te.

                Georg. Cafpar Jachmann. Svidn.

Geleitgedichte Fischer/Anders vom April 1713, S. 6

Nichts anders als Verdruß bestürmet Seel und Geist, Z. 11–14 (F. v. Bock, i.W. Günther)

Si Charitum pia turba mihi mea plectra moveret, Z. 1–12 (E. W. Charisius)

Non amo te, sero quod poscis Carmen, Amice, Z. 1–8 (G. C. Jachmann)

Abb. 11 II

SIc fociata vovet vobis Schola noftra Salutem,
  Noftraqve felices vos jubet effe fides:
Currere dum facili & felici Tramite coeptam
  Impigra conftituit mens generofa viam.
Praefentes nuper veftris Sermonibus ipfi,
  Qvos colit ut Patriae Patria noftra Patres,
Qvam faciles vobis aures animosqve ferebant,
  Fundebant vobis hi quoqve vota pia.
Vere novo Pindus veftro confurgere honori
  Mufarumqve Chorus furgere vifus erat:
Commoda divini ftudii cum laudat amicus,
  Alter cum Faretum non placuiffe probat:
Doctrinam celebras cum Tu, FISCHERE, facratam,
  Cumqve Comes Gallum fcribere vera negat.
Exultat natale folum, nec Gaudia differt,
  Lubrica dum nati non fore vota probant.
Amplius haudigitur mea gaudia diffimulabo,
  Sed pia cum reliqvis fundere vota paro:
Caftalidum Noftris majores fcandere fedes
  Ut licuit, fummam fic dabis, alme DEUS!
                    Chriftianus Marbachius. Sv.

Geleitgedichte Fischer/Anders vom April 1713, S. 7
Sic sociata vovet vobis Schola nostra Salutem, Z. 1–20 (Chr. Marbachius)

Als
Schweidnitz Einen

Aus
Seinem Neste ließ /

Befahl
Die PALLAS Ihn in ihre

Schoos zu jagen /
Weil nun
Das Freundschaffs = Recht

mich Ihn begleiten hieß /
So
dachte seine Schuld
in
diesem abzutragen

Johann Christian Günther /
Stregensis Silesius.

Schweidnitz / druckts Christian Ockel.

Geleitgedicht Hahn vom März 1714, S. 1
Vgl. Band I.1, S. 116–117

Abb. 13   13

1.

Je glücklich lebt doch eine Stadt /
Die mit Athen den Preiß der freyen
Künste hat /
Wo sich das Chor der Musen reget /
Und wo der Weißheit Muster-Platz
Das Kleinod und den edlen Schatz
Der gutten Wissenschafft uns in die Hertzen
präget.

2.

Die Nacht der bangen Finsternüß /
So dir Elyſien der Weißheit Glantz entriß /
Wird durch des Phœbus Licht vertrieben /
Die Klugheit steigt / die Thorheit fällt /
Seit dem nun die gelehrte Welt
Den Irrthum und den Wahn des Pöbels auf-
gerieben.

3. Wo

Geleitgedicht Hahn vom März 1714, S. 2
Wie glücklich lebt doch eine Stadt, Z. 1–12

3.

Wo vor Gradivens Tempel war /
Da baut die Tugend itzt der Pallas ein Altar /
Und wo der Helden Blut geschwommen /
Geust man vielleicht die Dinte hin /
Da wo Minervens Schüler knien
Hat etwan Lechus einst den Fußfall angenom-
men.

4.

Fleuch hin verdammte Barbarey /
Dein Scepter ist zerstückt / dein Purpur-Rock
entzwey /
Wir aber deiner Last entbunden;
Die Künste blühn und nehmen zu /
Nachdem des Friedens süsse Ruh
Den Oelzweig um den Hutt des Fürstenthums
gewunden.

5. Be-

Geleitgedicht Hahn vom März 1714, S. 3
Wie glücklich lebt doch eine Stadt, Z. 13–24

Abb. 15   15

5.

Beglücktes Schweidnitz nihm in acht
Wie das Verhängnüß dich vor andern herrlich
macht /
Schau deiner Söhne Wohlergehen /
Durch ihrer Arbeit / Müh' und Schweiß
Grünt deines Nahmens Ehren-Preiß /
Dein Nachruff wird durch sie einst bey den Ster-
nen stehen.

6.

Mein Freund / dein Abschied stellet mir
Die Blumen deiner Müh' schon als im Traume
für /
Nun wird die Linden-Stadt erfahren /
Was deiner Lehrer Fleiß gethan /
Mich deucht Sie hebt verwundernd an:
Komt dann in Schlesien das Alter vor
den Jahren.

✠(o)✠   ✠(o)✠

Geleitgedicht Hahn vom März 1714, S. 4
Wie glücklich lebt doch eine Stadt, Z. 25–36

Hier / Schweidnitz !

schencken dir

Drey Tugendhafte

Brüder

Als Zeugen Ihrer Pflicht

Die treuen Abschieds=Lieder /

Die Einfalt

Hat sie schlecht und eilends ausgedacht /

ja selbst durch ihren Sohn

auf dieses Blat gebracht.

Johann Christian Günther /

Stregensis.

Schweidnitz / druckts Christian Ockel.

Geleitgedicht v. Reibnitz vom März 1714, S. 1
Vgl. Band I.1, S. 132–133

Abb. 17 17

1.

Erwege Dein Vergnügen
Beglücktes Vaterland!
Des Himmels Seegens-Hand
Will dich auf Rosen wiegen/
Dein Unstern ist verbannt /
Was dich bißher gekräncket
Wird nun ins Grab gesencket /
Beglücktes Vaterland!

2.

Europa wird erschüttert /
Der Rhein-Strom schwillt von Blut;
Weil sich des Mavors Wuth
An allen Enden wittert;
Nur uns verschont sein Brand /
Man sieht in diesen Gräntzen
Kein blanckes Schwerdt mehr gläntzen /
Beglücktes Vaterland!

Geleitgedicht v. Reibnitz vom März 1714, S. 2
Erwege Dein Vergnügen, Z. 1–16

3.

Flieht / bange Mord-Cometen!
Uns ist die Ruh bescheert /
Und Franckreichs Würge-Schwerdt
Erreicht nicht die Sudeten;
Der Harnisch ziert die Wand /
Der Degen füllt die Scheide /
Drumb sprechen allebeyde:
Beglücktes Vaterland!

4.

Die Musen kommen wieder /
Die freyen Künste blühn /
Mars wirft die Drommel hin
Und singet Klage-Lieder.
Da wo man Palmen fand
Muß ietzt der Lorbeer grünen /
Und dir zu Kräntzen dienen /
Beglücktes Vaterland!

Geleitgedicht v. Reibnitz vom März 1714, S. 3
Erwege Dein Vergnügen, Z. 17–32

Abb. 19   19

5.

Dich / Schweidnitz! nimmt das Glücke
　Vor andern in den Schoos;
　　Des Himmels Gnaden-Loos
Baut deiner Wohlfarth-Brücke;
　Du trägst der Weisheit Pfand
Von seiner Huld zu Lehne /.
Drum ruffen deine Söhne:
　　Beglücktes Vaterland!

6.

Dein Wachsthum soll bekleiben /
　Dein Seegen ewig seyn /
　　Des Glückes Sonnen-Schein
Soll stets dein Leit-Stern bleiben /
　Dein festes Liebes-Band
Hat uns bisher gezogen /
Drumb sind wir dir gewogen /
　　Beglücktes Vaterland!

❀(o)❀　　❀(o)❀

Geleitgedicht v. Reibnitz vom März 1714, S. 4
Erwege Dein Vergnügen, Z. 33–48

Nobilisſimae,
FRATRUM GERMANORUM,

GEORGII {HENRICI
GUILIELMI
GOTTHARDI}

REIBNIZIORUM,
EQVITUM SILESIORUM,

TRIGAE

Muſas Wratislavienſes Salutaturae,

SVIDNICENSIBUS VERO,

XIV. Calend. Aprilis,

A. 1714.

Valedicenti,

bene precatur

Eorundem

Commilito integerrimus

JOHANNES CHRISTIANUS GÜNTHERUS,

Stregenſis,

L. L. A. A. apud Svidnicenſes Cultor.

Svidnicii,
Typis Chriſtiani Ockelii.

Lat. Geleitgedicht v. Reibnitz vom März 1714, S. 1
Vgl. Band I.1, S. 122–131

Abb. 21

21

LOnga quid Auſonium corrumpant otia ple-
&trum?
Muſa quid antiquam vis temerare fidem?
Luminibus, madidum, torpentibus excu-
te, Somnum,
Ocyor atque, novum, fac reſonare, Melos.
Non decus eſt, reſides buxo langveſcere nervos
Nec bene continuo membra ſopore valent.
Oppreſſam ſolvunt finita ſilentia vocem,
Labraque Caſtalio flumine lota canunt.
Praeſenti ſteriles praegnantur numine ſenſus,
Et ſacer afflato funditur ore furor.
Pergite Pierides veſtro ſuccurrere vati,
Qui ſocias coeptis optat habere manus.
Cynthia jam famulos Coelo ſuſpenderat ignes,
Altaque provectae tempora noctis erant;
Morpheus, expanſis ubi me contexerat alis,
Talia ſublato cernere ſole jubet.
Stat nemus Elyſiae tangens confinia gentis,
Hercyniam veteres nomen habere ferunt.

)(2   Denſi-

Lat. Geleitgedicht v. Reibnitz vom März 1714, S. 2
Longa quid Ausonium corrumpant otia plectrum? Z. 1–18

Denfior occifos heroës arguit arbor,
  Caeforumque creber fangvine crefcit apex.
Sarmata vitrices fugit hic exterritus umbras
  Fratris, & invifum pallet adire locum.
Fama tulit Grajas iter huc flexiffe Camoenas,
  Cum cuperet noftro Delius ore loqui.
Hofce per anfractus filvarum ferre videbar
  Confufos, Lemurum non fine fraude gradus.
Poftque retardatos, quo numine nefcio, greffus,
  Ignotas cupido lumine luftro plagas.
Proxima pratorum feries & amoena voluptas,
  Me vocat & dubios in fua rura pedes.
Diverfæ, ancipites, regionis, reddit ocellos
  Præfentis facies, præteritique Color.
Nox ibi difperfis dominatur tota tenebris,
  Hic videt apricum vallis aperta diem;
Inde, viatori faciens convitia Cornix,
  Brutorum infidias omine ducta monet;
Auribus hinc blando commendat guttura cantu
  Certior æterni nuncia veris avis.
Firma ftat oblatum propius fpectare voluntas,
  Ingeniumque loci fertilis urget iter.
Floribus arva fluunt, ftellataque lilia pasfim
  Nobilitant tepido lacte Junonis agros.
Tramite luxuriat patulæ Lafcivia Myrti,
  Altior ornatam laurus opacat humum;
Nardus odoriferis infecerat aera Succis
  Corpore mox toto nafus ut effe velim
Injuffæ crefcunt violæ, quas patria tellus
  Purpureis patitur bella movere rofis.
Non teneros lædunt mordentia frigora foetus,
  Perpetuo vitis germina vere rubent.

                                        Multa

Lat. Geleitgedicht v. Reibnitz vom März 1714, S. 3
Longa quid Ausonium corrumpant otia plectrum? Z. 19–50

Abb. 23   23

Multa Seges Calathi fublato fluctuat aeftu,
  Cum Zephyrus grato bafia rore vehit.
Hic hofpes Boreas nunqvam divertit & Aufter
  Jura nec hofpitii Sirius exul habet.
Erranti torrens curfu virgulta fecabat,
  Unde loqvax pulfi Littoris unda fonat.
Qvid moror? Hefperidum qvidqvid jactaverit hortus,
  Qviqve Semiramia penfilis arte fuit,
Non valet invidiam noftris accendere Campis,
  Qveis qvoqve Theffalicis gloria major erit.
Dumqve vago circum tentabam compita vifu
  Cominus ingentem furgere cerno domum.
Ardet inacceffos mens indefeffa penates,
  Sed prohibet faciles femita rara vias.
Ergo mihi bivii mox per compendia ducto
  Horrorem moles fert pretiofa facrum;
Pafcitur arx oculos cujus praefentia formam
  Auget, & afpectu penfat euntis onus;
Fronte fuperba fuo coelum nubefqve laceffunt
  Marmora fulmineis non ruitura dolis;
Veftit ebur poftes, feqvitur veftigia Jafpis,
  Cara fub aurato pondere ligna gemunt;
Interiora micant fectis penetralia gemmis,
  Egregiufque mihi me rapit ifte labor;
Cum Phrygiis muto pugnat Certamine pictor,
  Ars pretio palmam Cedere victa negat.
Quadrupedes picto mirabar vivere paftu,
  Æmula naturae; queis dedit ora manus.
Interea attonitus fubito clamore gementis
  Vicinas tremulo pollice pando fores.
Limen adhuc obicemque manu plantifque tenebam,
  Cum video humana plangere voce Deum.
                                                  Terru-

Lat. Geleitgedicht v. Reibnitz vom März 1714, S. 4
Longa quid Ausonium corrumpant otia plectrum? Z. 51–82

Terruit aſpectus ; genium numenque Lycei
    Cerno , ſalus noſtrae quo valet alma Scholae.
Adventuſque mei repetens Dea neſcia planctus,
    Juſſerat indociles ordinis eſſe comas ;
Utraque firma manus capiti fultura miniſtrat,
    Alternatque pias officioſa vices ;
Undantes lacrymis oculos relliquerat ignis,
    Exangueſque genae jam morientis eſant.
Solvit labra dolor, gravidam ſuſpiria linguam,
    Talia quae nunquam verba ſilenda dedit :
Siccine mortales fatorum occulta poteſtas
    Non magis ac ſtabili numina lege trahit ?
Non ſatis eſt parcos nobis concredere Cives,
    Hos etiam paucos diminuiſſe juvat.
Manſuram ſtudiis ubi juſſit condere ſedem
    Caeſaris aeternae gratia laudis opus ;
Praefeci eximias partito munere Patres,
    Quorum aetate licet praeſidioque frui.
Elegique duos docta de gente Magiſtros,
    Qui me Rectorum Praeſide Sceptra gerunt ;
Coeruleum paucis gaudebam creſcere coetum,
    Maximus ipſe ſua qui bonitate fuit ;
Amiſſi gravior pretio jactura videtur.
    Officit exemplo dicta probare meo.
Vah! dolor eſt veteres primoſque migrare Colones,
    Vah ! pudor antiquum ſic abiiſſe decus.
Leucoris ipſa mei retulit monumenta laboris,
    Atque brevi rerum Lipſia teſtis erit
Emorior, quoties venturi temporis augur
    Infelix Claros vix reor, eſſe Dies.
Scilicet iſta meum populat vaſtatio Pindum
    Deſertumque mihi mox Helicona dabit.

                                      Me

Lat. Geleitgedicht v. Reibnitz vom März 1714, S. 5
Longa quid Ausonium corrumpant otia plectrum? Z. 83–114

Abb. 25   25

Me miferam, vacuas nifi det mihi Cynthius aures,
    Atque velit pubem conftituiffe novam!
Per juga, per faltus, nemorumque remota vagabor,
    Et gnatos luctu confequar orba parens.
Refponfurus eram, manibus cum lapfa retractis
    Janua terribili ter crepat icta fono.
Excitor, aft oculis falfum mentita foporem
    Mens fufpecta fuae fata quietis habet.
Et fermonis opem cafu fruftratus iniquo
    Labra locuturi fentio aperta vigil.
Non ego nocturna reduces ab imagine fenfus,
    Mendaci lufos nocte fuiffe querar,
Perftrepit occulto, mirum! Schola noftra tumultu
    Tritoniae coeco murmure templa fonant,
Conveniunt patres, ordoque vocatus equefter
    Illuftres cumulat pulchra Corona viros.
Cernimus Auguftos, velut aurea fidera, vultus,
    Conjunctumque hilari cum gravitate Decus.
Nec patet, in quorum confeffus vertat honorem,
    Aut quibus hoc decoris det numerofa Cohors.
Jam memini, (nifi forte fimul meminiffe dolebit)
    Veftra abitum, Juvenes! lingva diferta petet.
Ambiguam vicit nox veri praefcia mentem,
    Noctis & abfolvit lux inimica fidem.
O nimis infauftae non irrita fomnia noctis!
    Jufta meam fecit flere qverela Deam.
Svidnia ne lacrymis parcas tibi crede gemenri
    Proximus ancillas commodat amnis aquas.
Quid tamen huc lacrymae? Lacrymis nec fata moven-
    Perdita nec lacrymae reddere falva qveunt.   (tur,
Indulgere pio quaedam fas efto dolori,
    Caetera laetitiae nunc, Schola moefta! dabis.
                        Te,

Lat. Geleitgedicht v. Reibnitz vom März 1714, S. 6
Longa quid Ausonium corrumpant otia plectrum? Z. 115–146

Te, dilecta Parens! nunquam genuiſſe pigebit,
  Dulcia foecundae nomina Matris habes ;
Aſpice felicem, natos, tua gaudia, turbam,
  Olim hi, poſteritas quos veneretur, erunt.
Te, Juvenum flos, terna Patris Generoſa Pro-
  TE loquor officii, cauſa probata, mei.   (pago!
Aeqvaret titulos ſi noſtra ſcientia laudis,
  Quos TUA virtutis praemia dextra cupit,
Ingrederer veſtrae, Juvenes! primordia gentis,
  Et canerem, ſero gens quod in orbe cluat.
Non Aganippeo glacies me fonte coërcet,
  Pagina quod Scioli vix ſemidocta crepat,
Pollice nec raſo brevior mihi redditur ungvis,
  Ut quererer digitos dedidiciſſe Chelyn
Veſtra ſed, ô Iuvenes! praeclara modeſtia noſtrum,
  Invitum merita laude retraxit ebur ;
Quem lateat veſter Studiorum ſtrenuus ardor,
  Quique ſua probus eſt improbitate Labor ?
Invenies nigros excuſſa albedine Cygnos,
  Corvorumque nivem ſaepius orbis habet.
Nobilis & multo nunc inveniatur agello
  Graeca cui ſordet Lingva, placetque fides,
Nec Veſtri ſpernunt Graecorum Scripta Labores,
  Communique Luem cum grege ferre pudet.
Ite, ſinu foveat placido vos alma Budorgis,
  Spes implete, Deo non renuente, Patrum.
Non Lupa rava viam nec vulpes fœmina tur-
  Sed fortuna comes vota ſecunda ferat, (bet,
Sic patrii forſan Cineris ſe buſta movebunt,
  Veſtraque reddiderit membra ſepulta ſalus.

           ❧ (o) ❧   ❧ (o) ❧

Lat. Geleitgedicht v. Reibnitz vom März 1714, S. 7
Longa quid Ausonium corrumpant otia plectrum? Z. 147–176

Abb. 27   27

Als

Der Hoch-Ehrwürdige/ in GOtt An-
dächtige/ Hochachtbahre und Hochgelahrte

HERR

Benjamin Schmolcke/

Der Evangelischen Kirchen zur Heil. Dreyfaltigkeit vor Schweidnitz Hochverdienter Pastor Primarius zum Inspectore unserer Evangelischen
Schule

Den 5ten Decembris A. 1714. solenniter introduciret und
confirmiret wurde/

Entdeckte Ihro Hoch-Ehrwürden die Kindliche Liebe und
den schuldigen Gehorsam Ihrer zukünfftigen Schul-
Söhne

Johann Christian Günther/ Strig. Sil.

————————————————————

SCHWEIDNITZ / gedruckt bey Christian Ockeln.

Glückwunschgedicht Schmolcke vom Dez. 1714, S. 1
Vgl. Band I.1, S. 91–93

Einet nicht/ verwayſte Kinder!
    Da der Himmel wieder lacht;
    Seht/ des Unglücks trübe Nacht
    Hat den Tag zum Uberwinder/
An welchem Glück und Sonnenſchein
Einander der Verſchwendung zeihn.

Schweigt ihr bangen Klage-Lieder!
    Sucht ihr Thränen euer Grab!
    Zion legt die Trauer ab/
Zion nimmt den Braut-Schmuck wieder
    Und crönt den heiſſen Danck-Altar/
    Der ſchon mit Mooß-bewachſen war.

Heute wird die ſtumme Wüſte
    Des betrübten Helicons,
    Des beſtürtzten Libanons
Ein beredtes Schaugerüſte/

                           Von

Glückwunschgedicht Schmolcke vom Dez. 1714, S. 2
Weinet nicht, verwayste Kinder! Z. 1–16

Abb. 29

29

Von dem der Musen Jubel-Fest
Die Traurigkeit verweisen läst.

Neulich/ als der Gottheit Rache/
    Unsern Hirten plötzlich traff/
    Lehrte fast ein iedes Schaaff
Daß des Höchsten Zorn erwache/
    Und wir erfuhren als er schlug
    Warum sein Arm den Donner trug.

Doch der Väter kluges Wehlen
    Aendert unsern Wäysen-Stand
    Und daher soll man den Sand
Eher als die Wüntsche zehlen/
    Die unsers Hertzens Danckbarkeit
    Dem Wachsthum ihrer Häuser weyht.

Komm mit deinen süssen Lehren
    Theurester Gamaliel!
    Wir/ DEJN kleines Israël,
Sind bereit DEJN Wort zu hören/
    Weil GOtt/ der DEJNE Gaben schätzt/
    DJCH über uns zum Hirten setzt.

Wir verpfänden DJR die Hertzen/
    DEJN Befehl ist unsre Lust/
    Wir eröffnen DJR die Brust/
Als ein Feld voll Ehren-Kertzen;

Und

Glückwunschgedicht Schmolcke vom Dez. 1714, S. 3
Weinet nicht, verwayste Kinder! Z. 17–40

Und leisten sonder Heuchelen
Den ungezwungnen Eyd der Treu.

Die Verräther unsrer Freude/
Mund und Zunge küssen dich
Und verlangen inniglich/
Daß uns DEJNE Vorsicht weyde/
Hier VATER! stellt die Liebe dir
Den Kindlichen Gehorsam für.

Wir empfinden schon den Seegen/
Als den Erstling DEJNER Huld/
Unsrer Sehnsucht Ungedult/
Geht demselben schon entgegen/
Der/ weil Jhn GOtt und Himmel küßt/
Ein Nachtbar Obed Edoms ist.

Glückwunschgedicht Schmolcke vom Dez. 1714, S. 4
Weinet nicht, verwayste Kinder! Z. 41–54

Abb. 31 31

Unterthänigstes Abend-Opffer

Welches

Ihrer Hoch=Reichs=Gräflichen

EXCELLENCE

Dem

Hochgebohrnen Herrn/

Hrn. Hanß Anton

Schaffgotsch genandt

Des Heil. Röm. Reichs Graffen und
semper frey/ von und auf Kynast/ Freyherrn zu
Trachenberg/ Erb=Herrn der Herrschafften Greiffenstein/
Giersdorff und Boberröhrsdorff/ wie auch Schoßdorff/ Preils-
dorff/ Hartau und Buchwald/ der Röm. Käyserl. und Kö-
nigl. Majest. würcklich Geheimen Rathe/ Cämmerern/ und
der beyden Fürstenthümer Schweidnitz und Jauer Königl.
Vollmächtigen Lands=Hauptmann/ wie auch Obristen
Erb=Hoffmeister und Erb=Hoff=
Richter
Bey dem glücklich=erschienenen Zeit=Wechsel
des 1715. Jahres
In einer
Schlechtgesetzten Cantata anzündeten

Ihr. Hoch=Reichs=Gräfl. EXCELLENCE

Als ihres

Gnädigsten Herrns

In der Evangelischen Gnaden=Schule vor Schweidnitz studierende
Unterthänigste Knechte.

Schweidnitz/ gedruckt bey Christian Ockeln.

Neujahrskantate v. Schaffgotsch vom Jan. 1715, S. 1
Vgl. Band I.1, S. 96–100

Sonata, contutti liſtrom.

HErr hebe an zu ſeegnen das Hauß/ denn was du HErr ſeegneſt/ das iſt geſeegnet ewiglich.

Recit. Iß iſt die Loſung unſrer Pflicht/
Diß iſt der Außbruch unſrer Liebe/
Die in der Bruſt verſchloßnen Triebe
Erdulden das Gefängniß nicht;
Schau/ Theurer Graff die Schuldigkeit
Reiſt uns zu DEJNEN Füſſen/
Der Mund begehrt DEJN Kleid/
Das Hertze DEJNE Gunſt zu küſſen.
Das Auge dieſer Welt
Läſt ſich zwar nur mit Adlers-Augen ſchauen;
Wer gerne von dem Himmel fällt
Der mag mit Spott und Hohn/
Wie Dädals Sohn/
Der Sonne Wachs vertrauen.
HErr! Deiner Hoheit Glantz/
Den ſchon der Ariadne Krantz
Als ſeinen Nachbar neidet/
Verweiſt uns die verwegne That;
Doch weil der Mandel-Strauch
Sich in geringen Eppich kleidet/
Und auch
Das allergröſte Licht
Den Schatten zum Gefährten hat/
So gieb daß DEJNE Güttigkeit
Mit unſerer Verwegenheit
Sich/ wie DEJN Ohr mit unſerm Munde paare/
Und mache daß DEJN Gnaden-Strahl
Vor dieſes mahl
In unſre Thäler fahre.
Der Sayten gleich geſtimmter Thon
Entdeckt DJR ſchon
Die Harmonie der Hertzen/
Die vor DEJN hohes Wohlergehn
Im Wünſchen ſtets einander beyzuſtehn/
Nicht mit dem Ernſte ſchertzen.

Aria

Neujahrskantate v. Schaffgotsch vom Jan. 1715, S. 2
Diß ist die Losung unsrer Pflicht, Z. 1–35

Abb. 33 33

Aria. I.

Con. Violino solo

Vielerley Trauben versäuren den Most/
Vielerley Balsam entkräfftet die Kräffte/
Vielerley Kräuter verderben die Säffte/
Vielerley Würtze verbittert die Kost;
Die Eintracht im Wünschen beschleunigt den Seegen
Und schickt der Erfüllung den Herold entgegen.

Recit: Elisien trotzt Hochgebohrnes Haupt

Sonata.

Auff DEIn vergöttertes Geschlechte/
Das allen andern fast mit rechte
Den Glantz ertheilt/ den Vorzug raubt;
Jedoch DEIN eigner Ruhm
Erhöht der Ahnen Alterthum/
Durch DEINEN Geist kömt Ihre Tugend wieder/
Der Fama selber das Gefieder
Zur Himmelfarth bestimmt.
DU bist des Glückes rechte Hand/
Aus der das Vaterland
Den Reichthum seiner Schätze nimmt/
Und was Mecænas dort gewesen
Das läst sich hier
Das können wir
Aus DEINER Großmuth lesen/
Und also hast DU nun
Die Warheit zum Propheten/
Eh' werde Neid und Mißgunst ruhn
Bey frembdem Wohl sich selber Weh zu thun/
Als die Vergänglichkeit
Als die Vergessenheit
Den Nachruhm der von Schaffgotsch tödten.

Aria II.

Aria con Violin.
unisono &
Hautbois.

Die Tugend trägt Asbest
Der nicht verwesen läst
Sie kaufft die reinste Seyde
Der Tapfferkeit zum Kleide;
Ihr unauslöschlich Licht
Brennt/ und verzehrt sich nicht/
Ihr Wohnhauß sieht von ferne
Die Niedrigkeit der Sterne
Und steht so hoch als fest.

Da capo.

Re-

Neujahrskantate v. Schaffgotsch vom Jan. 1715, S. 3
Diß ist die Losung unsrer Pflicht, Z. 36–73

Recit. Auff! nun ihr Musen-Kinder auff!
Verschneidet eurer Scham die Flügel/
Und laßt der Danckbarkeit den Zügel/
Und laßt den Wünschen ihren Lauff.

Arioso.

Erhebet/ lobt und liebt
Den Baum der euch den Schatten giebt/
Bekrönt den Brunnen der euch tränckt/
Umkräntzt den Brunnen der euch schenckt/
Küßt höchst-entzückt die Wand so euch beschützet
Verehrt den Arm auff welchen sich
Des Landes Heyl/
Der Wohlfarth größter Theil/
Und unser Helicon, als einen Atlas stützet.

Rec. Nun Theurer Graff/
Der itzt erwachte Schlaff
Erweckt bey uns das eylen;
Drum soll die Unterthänigkeit
So DJR das Abend-Opffer weiht
Sich länger nicht verweilen.
Das Neue Jahr/
So in der angebrochnen Nacht
Die Welt schon wieder älter macht/
Sagt DEJNER Brust Zufriedenheit
Sagt DJR des Glückes Dienstbarkeit
Sagt uns auch diesen Trost schon wahr
Daß uns der Mißbrauch DEJNER Gnade
Der itzt von uns gescheh'n/
Die wir auch heute seh'n/
Jnskünfftige niemahls durch ihren Abgang schade.

En Menuet.   Aria III.

Blüh Theurer Schaffgotsch blüh und lebe/
Kein Fall ersteigt DEJN Graffen-Hauß/
Das Glücke zollt DJR Zinß und Hebe/
DEJN Stamm-Baum schlage täglich aus/
Biß einst die Nachwelt Schnaten bricht/
Und um der Enckel Cronen flicht.

❦)o(❦

Abb. 35   35

Die

An Ihro Kayserl. Majestät

Bey dem

Den 17. 18. und 25. Sept.

Von der Schul=Jugend

vor Schweidnitz

Vorgestellten

DRAMATI-
BUS

Abgesungene

Unterthänigste

GRATULATION.

Schweidnitz/
Gedruckt bey Christian Ockel. 1 7 1 5.

Friedenskantate vom Sept. 1715, S. 1
Vgl. Band I.1, S. 104–108

★ * ★ * ★ * ★ ★ * ★ * ★ * ★

Irene. **F**riede / Friede
Die Losung ist nun allgemein
Europa steckt die Schwerdter ein/
Die Helden sind des Schlagens müde;
Drum rufft man in Germanien
Drum schallt es in Italien
Friede/ Friede.

Alle.

Fort Deutschland dencke stracks/ auf neue Sieges-Lieder
Dein Carl dein Käyser bringt die göldnen Zeiten wieder/
Dein Carl/dein Käyser schleust/nach der erlangtē Ruh/
Noch fester als August/des Janus Tempel zu.

Jupiter. Ihr Feinde bücket euch
Der Held von Oesterreich
Führt meine Donner-Keile/
Sein Arm regiert den Blitz/
Weil ich der Gottheit Sitz
Mit seiner Herrschafft theile.
Mein Carl vermag auf einen Streich
Aus Vollmacht von den Göttern
Die Feinde zu zerschmettern/
Ihr Feinde bücket euch.

:no. Der Adler macht sich zu der Sonne;
Wohin der wohlberufpte Hahn
Ihm nun und nimmer folgen kan;
In Deutschland schwimmt ein Meer voll Wonne;
Carl läst sein väterliches Wien
An lauter Friedens-Pforten bauen;
Drum soll die Schönheit meiner Pfauen
Auch seinen Sieges-Wagen ziehn.

Mars. Lebe wohl
Werthes Deutschland lebe wohl!
Nun das Schwerdt zur Sichel worden
Nun bey dir das Element
Meiner Gottheit nicht mehr brennt/
Steht mein nähster Weg nach Norden/
Wo ich triumphiren soll/
Lebe wohl /
Werthes Deutschland! Lebe wohl.

Minerva.

Friedenskantate vom Sept. 1715, S. 2
Friede, Friede, Z. 1–38

Abb. 37   37

Minerva. Was der Vater angefangen
Was der Bruder weit gebracht/
Hat der Bruder ausgemacht/
Schild und Helm ist aufgehangen;
Steigt ihr Künste steigt empor
Kommt ihr Künste kommt doch wieder
Schlug euch Mavors Wuth darnieder
Ach! so zieht euch Carl hervor
Ach! so bringt euch Carl in Flor.

Neptunus. Blitz/ Donner/ Hagel/ Rauch und Flammen/
Verletzt nicht mehr mein Aug und Ohr/
Mein Triton reckt das Haupt empor
Und rufft der Nimpffen Schaar zusammen
Der allgemeine Jubel-Thon
Von Hundert Tausend Friedens-Zungen
Hat auch mein nasses Reich durchdrungen/
Drum schickt sich Amphitrite schon
Zur Danckbarkeit/ den stolzen Rücken
Vor Unserm Carl zu bücken.

Ceres. Vergrabt die dickgesäeten Leichen
Die man auf meiner Schooß erschlug
Numehro soll der sichere Pflug
Die Felder ungestöhrt bestreichen/
Flieht eisernen Jahre flieht eilends davon
Denn unser Saturnus ist Leopolds Sohn.

Alle

Fort Deutschland dencke stracks, 2c.

Irene. Elysien das Glücke geht dich an
Daß viele Länder itzt genüssen/
Indem man auff den schnellen Füssen
Der Bothen die am Berge springen/
Der Bothen die vom Friede singen
Die frohe Zeitung lesen kan.
Das starcke Feld-Geschrey
Der donnernden Carthaunen/
Der klingenden Posaunen
Geht/ streicht und fliegt vorbey/
Die Lantzen freuen sich den Reben/
Pfahl und Stützen abzugeben;
Da der abgedanckte Schild
Nichts mehr gilt/

Und

Friedenskantate vom Sept. 1715, S. 3
Friede, Friede, Z. 39–81

Und weil die Trommeln schweigen
So lehrt der Degen müßig gehn/
So muß der Degen sich verstehn
Den Schnittern einen Dienst zu zeigen.

Alle.

Fort Deutschland. 2c.

Irene. Ihr Unterthanen fragt nur nicht/
Wer Euch diß Lachen zugericht
Wer Euch die Ruhe wiedergiebet;
Ein Fürst/ der Euch die Hertzen stiehlt/
Ein Herr/ der Euch im Schertz befiehlt/
Ein Carl/ der EUCH als Vater liebet;
Auf Schäfer! sammlet eure Schaar
Die bey der Furcht des Krieges flüchtig war/
Belägert die verwäysten Hügel
Weil euch kein Feind mehr schreckt/
Weil euch des Adlers Gnaden-Flügel/
Weil euch die Sicherheit bedeckt;
Weckt Hirten weckt die stummen Flöten
Von ihrer Faulheit auf!
Laßt euren Wünschen freyen Lauf!
Verkündigt den Sudeten
Den neuen Friedens-Schluß/
Und lehret die beredten Wälder
Und lehret die betretnen Felder
Den Nahmen und den Ruhm
Des tapffern Carolus.

Alle

Fort Deutschland. 2c.

Jupiter. Soviel mein Donner Blitz erregt/
Juno. Soviel mein Vogel Augen trägt/
Neptunus. Soviel der Reinstrohm Blut gesoffen/
Minerva. Soviel mein Oelbaum Knospen treibt/
Mars. Soviel mein Straf-Schwerdt Länder stäubt/
Ceres. Soviel mein Acker Frucht zu hoffen/

Alle

So vieles Wohlergehn/ so vieles Glück und Seegen
Soll unsern Carl erfreun/ soll unsern Käyser pflegen!

Irene. Friede/ Friede/ die Losung ist nun allgemein 2c.

❧ ∘ ❧   ❧ ∘ ❧   ❧ ∘ ❧

Friedenskantate vom Sept. 1715, S. 4
Friede, Friede, Z. 82–129

Abb. 39

39

Die

Bon

THEODOSIO

bereute

Und

Von der Schul=Jugend

vor Schweidnitz

d. 24. Septembr. Anno 1715.

vorgestellte

Eyversucht.

Schweidnitz/ gedruckt bey Christian Ockel.

Theodosius-Programm vom Sept. 1715, S. 1
Vgl. Band I.1, S. 261–267, 311, 343, 358

Theodosius der jüngere bekam einst einen schönen Apffel geschencket / den er aus Liebe seiner Gemahlin Eudocia (welche von andern falsch Eudoxia genennet wird) übergab. Dazumahl lag Paulinus ein sehr gelehrter und von dem Käyser und der Käyserin geehrter Mann kranck darnieder / welchem die Käyserin diesen Apffel zur Erquickung sendete. Dieser aber nicht wissende wo solche schöne Frucht Anfangs herkommen / verschickte solche dem Käyser / a eine sonderbahre Rarität. Der sich dadurch etwe geheime Vertrauligkeit seiner Gemahlin mit dem Paulino einbildete / und so fort den unschuldigen Mann hinrichten ließ. Dieses beweget die Tugendhaffte Eudocia dergestalt / daß sie ihre Unschuld endlich behauptete / nachmals aber sich Unmuths-voll nach Jerusalem wendete / und daselbst ihr Leben GOtt wiedmete / biß sie Anno 457. nach Christi Geburth starb und daselbst in der Stephans-Kirche beerdiget wurde. Ziegler in seinem Schauplatze der Zeit im 29. Augusti. p. 1044.

Constantinus Manasses hat diese Historie in Griechischer Sprache nett und weitläufftig beschrieben; Gedencket abernichts von des Paulini Kranckheit Liebhaber der Frantzösischen Sprache können solches aus dem schönen Buch e eines Anonymi: Traité de la jalousie; welches zu Pariß 1682. in 12. heraus kommen / nachlesen. Chap. V. p. 57. sequ. Adeat cui placuerit etiam Lipsium in monit. & Exempl. politrois. Cap. V. §. 5.

Die

Abb. 41   41

Die erſte Abhandlung.

Scena I. Der Friede und die Gerechtigkeit erfreuen ſich bey dem Bette des ſchlaffenden Theodoſii über die durch dieſen frommen Fürſten wie- dergebrachte Landes-Ruh/ und werden

Scen. II. Von dem Aſmodi oder Ehe-Teufel vertrieben; welcher mit Zuzie- hung

Sc. III. Der Göttin des Zancks/ der Grauſamkeit/ der Übereilung/ des Haſ- ſes und des Argwohns dem Käyſer ſeine künfftige Eyverſucht in dem Traume wahrſaget.

Sc. IV. Theodoſius erwacht auf den Zuruff einer kläglichen Stimme/ über- leget mit der gröſten Beſtürtzung ſeinen Traum/ und ſchicket nach dem Paulinus.

Sc. V. Polylogus trifft nach langen Suchen den Paulinus endlich bey der Käyſerin an/ und ſpielet dadurch

Sc. VI. Dem Theodoſio, der gleichwol ſeine Gemahlin noch offentlich ver- theidiget/ den erſten verdacht in das Hertze.

Sc. VII. Der Käyſer erzehlet dem ankommenden Paulino ſeine Bekümmer- nüß/ die ihm der letztere auszureden ſich vergebens bemühet.

Die 2. Abhandlung.

Scena I. Eudocia wiederlegt in ihrem Studier-Zimmer des Polylogi unge- gründete Meynungen/ daß einem Frauenzimmer die Gelehrſamkeit nicht anſteht.

Sc. II. Der Käyſer beſuchet die Eudociam, und ſchencket ihr unter vielen Liebkoſungen einen Apffel von ſeltſamer Schönheit und ſonderbahrer Gröſſe; nicht lange hernach fällt die Käyſerin in eine plötzliche Ohn- macht/ und wird von der Celendris und dem Polylogo in ein ander Zimmer geführet.

Sc. III. Bonifacius und Chryſapius entdecken einander ihr Mißvergnügen/ je- ner über den Aetius dieſer über den Paulinus, als welche letztere beyde bey der Käyſerin vor andern Hofleuthen wohl angeſchrieben ſtün- den.

Sc. IV. Der Medicus verſpricht bey dem Krancken-Bette der Käyſerin in Gegenwarth des Theodoſii und Paulini eine baldige Geſundheit/ und nimmt wie die andern beyde kurtz darauff Abſchied.

Sc. V. Paulinus kommt in kurtzem zurücke und unterredet ſich mit der Käy- ſerin/ die das Bette ſchon verlaſſen/ in einem erbaulichen Geſpräche von der Ungewißheit des Todes; wird aber plötzlich

Sc. VI. von dem Abaxar vor der Käyſerin Augen geſchloſſen und in das Gefängnüß gebracht; Eudocia befiehlt der Celendris das Zimmer/ und begiebet ſich ihren Kummer auszuſchütten in den Garten.

Sc. VII. Polylogus als ein Wittwer/ verweiſt in einem luſtigen Geſpräche mit der Celendris den erſtgefaſten Anſchlag wieder zu heyrathen/ und erzehlet mit vieler Partheiligkeit die allgemeinen Tugenden der Weiber.

Die 3te Abhandlung.

Sc. I. Eudocia beklaget in dem Garten die unſchuldige Gefangenſchafft des Paulinus, und prophezeyhet ihr daraus wenig Gutes.

Sc. II. Der Käyſer fraget mit einer verſtellten Freundlichkeit die Eudocia um den ihr geſchenckten Apffel/ und als ſie denſelbigen ſelber verzeh- ret zu haben ſchwöret/ überzeuget ſie der Käyſer mit der hervorgezo- genen Frucht/ und dräuet der Käyſerin und dem Paulinus/ jener mit der Verſtoſſung/ dieſem aber mit dem Tode.

)(2   Sc. III.

Theodosius-Programm vom Sept. 1715, S. 3
Verzeichnis der Akte und Szenen I.1-III.2

Sc. III.   Polylogus erzehlet dem Chrysapio die Ursache/ warum Paulinus von dem Käyser in Verhafft genommen worden; weil nehmlich die Käyserin den von dem Gemahl geschenckten Apffel dem Paulino zügesand/ der unwissend/ wo er her sey/ ihn als eine sonderbahre Frucht dem Käyser wieder verehret; dessen Argwohn aus diesem Handel ein heimliches Verständnüß des Paulinus mit der Käyserin geschlossen.

Sc. IV.   Theodosius läst den Paulinus aus dem Gefängnüß vor sich hohlen/ und verkündigt ihm ohngeacht seiner Entschuldigung mit dem grösten Eyver die Todes-Straffe.

Sc. V.   Der Käyser beschleust mit dem Guttachten aller Räthe ausser Eubulum, den Paulinus zu tödten und die Käyserin ins Elend zu jagen.

Sc. VI.   Eudocia erfähret von der Celendris des Käysers Ausspruch/ und macht sich mit Hinlegung aller Käyserl. Kleinodien zur Flucht gefast.

Die 4te Abhandlung.

Scena I.   Paulinus bereitet sich in seinem Gefängnüß zum Tode.

Sc. II.   Theodosius schläget der Pulcheria die Bitte vor die Käyserin und den Paulinus gäntzlich ab.

Sc. III.   Die Gemahlin des Paulini thut mit ihrem Sohne vor das Leben ihres Ehe-Herrens dem Theodosio vergebens einen Fußfall.

Sc. IV.   Eudocia wird von der Pulcheria getröstet/ welche/ da der Polylogus ihr des Käysers Befehl von der Flucht verkündiget/ ernstlich verspricht bey dem Bruder noch einmahl anzuhalten/damit die Käyserin ihre Unschuld durch einen offentlichen Eyd beweisen könne.

Sc. V.   Antenor kommt seines guten Freundes Paulini wegen nach Bysantz/ und wird von dem Polylogus

Sc. VI.   vor das Gefängnüß gewiesen/ allwo er mit der grösten Bestürtzung das unverhoffte Unglück seines Freundes beklaget/ Abaxar holet den Paulinus vor Gerichte/ welcher unter einer betrübten Umbarmung von dem Antenor Abschied nimmt.

Sc. VII.   Nachdem Paulino vor dem offentlichen Gerichte das Leben abgesprochen worden/ so wird er

Sc. VIII.   nach dem Richt-Platze geführet; unterwegens begegnet ihm sein kleiner Sohn/ dem er unter vielen Thränen und guten Vermahnungen den Seegen hinterläst.

Sc. IX.   Der Bischoff tröstet den Paulinus auff dem Richt-Platze; der nach genommenen Abschiede und verrichteten Gebethe seinen Nacken dem Beile getrost darstrecket.

Sc. X.   Antenor beklaget den Tod seines Freundes.

Sc. XI.   6. Hofleuthe eröffnen im Vorbeygehen bey dem Cörper des Paulinus theils ihr Mitleiden/ theils ihr Vergnügen.

Die 5te Abhandlung.

Sc. I.   Chrysapius und Polylogus so zuvor den Paulinum verschnitten/ fürchten sich vor dem Zorn des Käysers/ den die Übereilung reuet/ und berathschlagen sich der Straffe durch die Flucht zu entziehen.

Sc. II.   Eudocia bekräfftiget ihre Unschuld auf dem Sarge des Paulini vor allen Räthen durch einen Eyd;

Sc. III.   Polylogus macht sich in Frauenzimmer-Kleidern aus dem Staube.

Sc. IV.   Pulcheria verweiset dem Käyser seine Übereilung/ welcher seine Gemahlin sie wieder anzunehmen in dem gantzen Hofe nicht mehr finden kan; Er verflucht daher seine Eyversucht und den falschgegründeten Argwohn/ und nachdem er

                                             Sc. V.

Theodosius-Programm vom Sept. 1715, S. 4
Verzeichnis der Akte und Szenen III.3-V.4

Abb. 43

43

Sc. V. in einem Brieffe von der **Käyſerin/ die bereits ihre Reiſe nach Je**
rufalem angetreten / den letzten Abſchied erhält/ geräth er faſt in
die Verzweiffelung/ worauff ihm

Sc. VI. der wiederkommende Geiſt des Paulini ein blutiges Ende verkün-
diget.

Das Trauer-Spiel beginnet mit dem Mittag / währet durch
die Nacht biß auf den folgenden Mittag.

Der Schau-Platz iſt der Käyſerl. Pallaſt zu Byſantz.

Spielende Perſonen.

Theodoſius, der Käyſer.
Pulcheria, ſeine Schweſter.
Eudocia, die Gemahlin des Käyſers.
Paulinus, ein kluger und gelehrter Mann/ des Käyſers und ſeiner
Gemahlin vertrauteſter Favorite.
Aſmodi, der Eheteuffel.
Eris, die Göttin des Zancks mit ihren 4. Gehülffen:
    1. Der Ubereilung.
    2. Der Grauſamkeit.
    3. Dem Haße/
    4. Und dem Argwohn.
Polylogus, luſtiger Hofrath.
Chryſapius, Käyſerl. Secretarius.
Bonifacius, ein General, der mit dem Aëtius in Africa das Com-
mando über die wieder den Attila geſchickte Trouppen ge-
führet.
Celendris, der Käyſerin Kammer-Fräule.
Gemahlin des Paulini mit deſſen Sohne.
Proclus, der Biſchoff und Patriarche zu Byſantz oder Conſtanti-
nopel.

Eubulus   ⎫
Cleander ⎪
Sergius   ⎬ **Käyſerliche Räthe.**
Clitophon ⎪
Anaximenes ⎭
Der Blutrichter.
2. Schergen/ als Beilträger.
Abaxar, der Hauptmann mit Sechs Soldaten von der Käyſerl.
Leibwacht.
Medicus.
Der Friede.
Die Gerechtigkeit.
Die Unſchuld.
Sechs Hofleute.

Ante-

Antenor, der Schulfreund des Paulini.
Geist des Paulini.

Schweigende Personen.

Ein kleiner Mohr / so der Käyserin aufwartet.
Die Leiche des Paulini.

**   **   **

Die bey dem Trauer-Spiele abgesungene

ARIEN.

Der Friede singt nebst der Gerechtigkeit folgende zwey Strophen bey
dem Aufzuge des Vorhangs:

I.

Stille! Stille!
Daß kein Thon die Lufft erfülle /
Unser Kayser schlummert ein.
Blaßt und streicht / ihr Musen-Kinder!
Blaßt und streicht und singt gelinder /
Lehret die gedämpften Geigen
Gäntzlich schweigen /
Oder laßt sie sachter schreyn.
           Da Capo.

2.

Entschlaf du Argus unsrer Zeit!
Entschlaf du Wächter deiner Reiche;
Entschlummre Theodosius;
Der Friedens-Schluß
Macht deinen Kummer itzt zur Leiche
Und strafft dich mit der Sicherheit.
           Da Capo.

Bey dem Anfange der Dritten Abhandlung / da die Käyserin den
Garten besuchet / wird hinter der Scena gesungen:

ARIOSO.

Ihr beredten Wälder!
Ihr verschwiegnen Felder!

                                    Ange-

Theodosius-Programm vom Sept. 1715, S. 6
Schweigende Personen, Arien I, Arie II, Z. 1–2

Abb. 45

45

Angenehmer Hayn!
Wo der Chloris Blumen-Kind
Und die Wollust-Brüder sind/
Nehmet meinen Kummer ein;
Eurer Augen Weyde
Ist geschickt dem tiefsten Leide
Ein bewährter Artzt zu seyn;
Aber eurer Augen Weyde
Ist nicht mächtig meinem Leide
Ein erwüntschter Artzt zu seyn.

Die Vierdte Abhandlung beschlüsset die Unschuld mit dieser

ARIE:

1.

Stirb getrost/ mein Sohn! und lebe
Dem Verhängnüß unterthan;
Welches keiner/
Auch nicht einer/
Auch kein Fürst beredet kan/
Daß man glücklich wiederstrebe;

Da Capo.

2.

Achte nicht des Todes Pfeile/
Dein Gewissen macht sie stumpf.
Scharf gestritten
Gut gelitten
Führt die Mißgunst im Triumph/
Diese fällt von deinem Beile.

Da Capo.

3.

Stirb getrost/ mein Sohn! und leide
Was die Eyversucht begehrt;
Deine Baare
Macht die Haare
Eines Sternen-Crantzes werth;
Ja mein Rock wird dir zum Kleide;

Da C

Theodosius-Programm vom Sept. 1715, S. 7
Arien II, Z. 3–12, Arie III

ARIA.

1.

Groſſer Carl! beglückter Käyſer!
Deiner Hoffnung Myrrthen-Reiſer
Zeigen endlich Blüth und Frucht;
Ja der Seegen crönt dein Lieben
Und die Wüntſche ſind beklieben
Die des Himmels Ihr erſucht.

2.

Habſpurgs Grafen-Hauß erzittert
Weil es einen Pfeiler wittert/
Der den Grund erhalten ſoll.
Dencke/ ließ der Keuſchheit Garten
Deine Sehnſucht lange warten/
Späte Trauben werden voll.

3.

Räume nur dem neuen Gäſte
Einen Gipffel von dem Aſte
Deines Stamm-Baums willig ein.
Denn der Erſtling deiner Schnaten/
Kan der Phoebus glücklich rathen/
Wird ein Alexander ſeyn.

Theodosius-Programm vom Sept. 1715, S. 8
Arie IV

Abb. 47

47

Kindliches
Thränen = Opffer

Welches

Bey der Grufft

Des weyland

Hoch = und Wohlgebohrnen Frey = Herrens und Herrn

HERRN
George Gottfried
Frey = Herrens
von Ebenn und Brunnen

Erb = Herren der Freyen Herrschafft Königsberg / nebst allen
dazu gehörigen Pertinentien / wie auch auf Ober = und
Nieder = Commerau

Welcher

Den 17. April A. M DCC XVII.

Zu aller Verlassenen schmertzlichem Betrübniß

plötzlich verstorben

Und darauf den 2. Jun.

Mit Hoch = Freyherrl. CEREMONIEN

zur Erden bestattet wurde

Obwohl in der Frembde doch mit bestürtztem Gemüthe

vergossen wurde

Von

Des Hochseel. Herrn BARONS

Hinterlassenem andern Enckel

George Wilhelm von Reibnitz

EQ. SIL. INF.

WITTENBERG / gedruckt mit GERDESISCHER Wittwe Schrifften.

Leichencarmen v. Eben vom Juni 1717, S. 1
Vgl. Band II.1, S. 36–39

Du erster Auffenthalt der Deutschen Pierinnen/
    Mein mit Elysien verglichnes Vaterland/
    Dem/ seit der Lohenstein den Opitz über-
            rant
    Die Schwäne frembder Luft/ noch wenig ab-
            gewinnen/
        Begehr es nicht von mir/ daß ich was spie-
            len soll/
Aus dessen süssen Höh man deinen Sohn erkenne.
Denn/ weil ich mehr vor Angst/ als von dem Phöbus brenne/
    So ist dis magre Blat an leeren Zeilen voll.

Wer allzu künstlich weint/ dem geht es nicht von Hertzen/
    Des Traurens Wohlstand steht der Wahrheit übel an.
    Hat uns ein Lungenhieb nur ernstlich weh gethan/
Ach ! so vergeht uns wohl die Zierligkeit im Schmertzen.
    Dem Naso geb ich zu / daß Kummer sinnreich sey/
Und den Betrübten oft der Worte Nachdruck schencke/
    Diß aber ding ich aus/ daß er nur mäßig kräncke/
    Nicht aber/ daß sein Grimm den schärffsten Stoß verleih.

Die Nacht der Traurigkeit ist mir noch nicht vergangen/
    Da wieder Finsterniß in mein Gemüthe fällt.
    Der Mantel/ welchen mir des Vaters Todt bestellt/
Hat sich aufs neue itzt zu schwärtzen angefangen.
    So folgt das Unglück mir auf allen Ecken nach/
Denn es verjüngt bereits die Tracht der finstern Lenden/
    Die Feder fällt mir hier aus den erschrocknen Händen/
    Mit welchen ich nur nechst das trübe Siegel brach.

Leichencarmen v. Eben vom Juni 1717, S. 2
Du erster Auffenthalt der Deutschen Pierinnen, Z. 1–24

Abb. 49

49

O nie gewünschte Post! o nie verlangtes Schreiben!
    Davon die Nachricht mir so Hertz als Seele drückt/
    So kurtz dein Inhalt ist/ so sehr werd ich entzückt/
Weil alle Sylben mir den Pfeil zum Hertzen treiben.
    O unglückseelger Brief! du bist es warlich werth
Daß man/ wie ehmahls Rom/ mit Lorbeern dich umwinde/
Da ich darinnen auch den Sieg beschrieben finde/
    Wodurch der starcke Todt mein Glück in Flucht verkehrt.

Mein schwaches Hoffnungs = Schiff/ das erst den Mast ver=
                                                lohren/
    Lieff auf der Thränen = See die äuserste Gefahr/
    Doch/ weil der letzte Trost/ ein Ancker/ übrig war/
So trotz ich noch den Sturm/ der wider mich geschworen/
Allein/ da dieser bricht/ so schleudert Wind und Meer
Die Ruder der Gedult durch Wellen Klipp und Lüffte.
Bald wirfft michs in die Höh/ bald fahr ich in die Grüffte/
    Und seh auch nicht ein Bret/ was mir zu Dienste wär.

Hochseelger Groß=Papa! ich steh bey Deiner
Baare
    Dem Leibe nach zwar weit/ doch mit dem Hertzen nah/
    So/ wie ich oftermahls mit Lust Dein Antlitz sah,
So macht itzt dessen Blick/ daß ich zusammen fahre.
    Die Mine des Gesichts/ die mich vorher ergötzt/
Und Deinem Enckel oft so angenehm geschienen,
Wil mir vor dieses mahl zu einer Drohung dienen/
    Die wegen DEJNES Falls mich künfftig hülffloß schätzt.

Was gabst Du Dir vor Müh, mich wohl versorgt zu wissen?
    Dein heitrer Gnaden=Strahl erweckte meinen Fleiß,
    Und macht in meiner Brust die Ruhm=Begierde heiß/
Durch mein Studiren DJR die Sorgen zu versüssen.

Leichencarmen v. Eben vom Juni 1717, S. 3
Du erster Auffenthalt der Deutschen Pierinnen, Z. 25–52

DU soltest einmahl sehn/ daß mich Dein kluger Geist
So gut/ als wie Dein Blut/ zu Deinem Enckel mache.
Denn Windel und Geburt ist eine schlechte Sache/
    Wenn sich der Adel nicht in unsern Thaten weist.

Die Sehnsucht hat verspielt/ indem sich stets das Glücke
    Mit falschen Würffeln trägt; Zwey Augen fallen mir
Hochseelger Groß-Papa! ich meine nur mit
Dir/
Daher ich den Verlust von aller Hülff erblicke.
    Was weiter nun zuthun? Nichts als den treuen Schmertz
Doch sonder Schwur und Fluch/ durch Mund und Feder stossen/
Denn sich auf den Erfolg der Himmels Schlüß' erbosen/
    Zeigt mehr ein wütendes/ als recht betrübtes Hertz.

Drum sprech ich/ mags doch seyn/ wiewohl mit schwerer Lippen/
    Ein Stamm/ der endlich bricht/ nachdem er uns geschützt/
    Giebt Holtz/ woraus uns oft der Himmel Stäbe schnitzt.
Und ofters rettet uns ein Auswurf an den Klippen.
Hochseeliger Baron! was mein Erkentlich-
seyn
Im Leben leider! Dir nicht hat erwiedern können/
Das will ich/ wird die Zeit mir ihren Beyfall gön-
nen/
Der Ehre Deines Ruhms und Deinen Erben
weyhn.

Leichencarmen v. Eben vom Juni 1717, S. 4
Du erster Auffenthalt der Deutschen Pierinnen, Z. 53–72

Abb. 51   51

Tit. pl.

HERR

Hn. L. Joh. Gottfried

Hahn,

Wolten

Als

Derselbige

Anno MDCCXVII. d. 28. Octobr.

Die Würde

Eines Doctoris Medicinæ

in Leipzig

Nach Verdienst erhielte,

Ihre

Schuldige Gratulation

abstatten

Nachfolgende schuldige Diener.

LEIPZIG,
Gedruckt bey Immanuel Tietzen.

Promotionsgedicht J. G. Hahn vom Okt. 1717, S. 1
Vgl. Band II.1, S. 186–187

Σ προσκείαι ἀεὶ σπυδαίως τοῖς ΒιΒλίοισιν,

      Σπυδῆς ἀἸρεκέως ἀγλά᾽ ἄεϑλα Φέρει.

ἹπποκράἸην δή ἰηἸρόνδε Γαληνὸν ἔλεξας

      Ζευξας Ἱ ἰηἸρῶν δόγμαἸ ἄρισα νεῶν.

Τήνδε Μαχαονίην Ἰέχνην Φιλέεισϑε ἐρᾶσϑε,

Ἡ᾽ ἀπαλαλκέμεναι σόῙγε νόσυς ἐδάη.

Τέχνην, ἣν ἤδη Ασκλήπιος ἤρξαῙο πρόΦρων,

Ηδὲ χρόνοις πόλλοις χρησοἸέρη γένεἸο.

ΜίῙρα ἡ κεΦαλή συ νῦν σεΦανῦΙαι ἐρυϑρῇ.

Νῦν σ᾽ ἱερῆα καλή ὅΠ Ὑγίεια ποιεῖ.

Συγχαίρω σεμνῇ Ῑῇ Ἰιμῇ σοι ἐπὶ ἸαύῙῃ,

Μισϑὸν γὰρ κλεῙῆς Ἰῆς ἀρεῙῆς ἔλαβες.

Πάν Ἰ ὁ Θεὸς πόρρω πανυπέρἸαΙος ὄλΒια ποιοῖ,

Καὶ ἔσποιο ἀεί σε ςαἸὸς ἐυῙυχία.

Συγχαίρων *scripſt*

JOH. FRIEDR. Ortlob,
Lipſienſ.

Promotionsgedicht J. G. Hahn vom Okt. 1717, S. 2
Griech. Gedicht von J. F. Ortlob, Z. 1–14

Abb. 53

53

Solt ich der eintzige von Deinen Dienern
seyn,
Der, Grundgelehrter Hahn, bey Deinen Ehren schwiege,
Verdient ich wohl die Last, daß ich Ixions Stein
Von hier, von Leipzig aus, biß an den Ganges
trüge,
Ich sitz in Deiner Gunst, ich seh mich Deinen Fleiß
Vom Morgen in die Nacht durch ein Exempel
wecken,
Dem fast kein ietziges sich zu vergleichen weiß,
Und dem die Tugenden das Haupt mit Ehr umstecken.
Daher ist meine Pflicht ein Kind der Danckbarkeit,
Und lallt ein schlechtes Lied, weil Kinder gerne
singen,
Und würde, hätte sie der Phœbus eingeweyht,
Dir kein so magres Vieh zu einem Opffer bringen.
Doch ist es nicht ein Rind, so ists ein Tauben-
Paar,   (gnügen,
Diß Bild der Redlichkeit wird Dich so gut ver-
Als ließ ich, Grosser Hahn, vor Deinem Brand-
Altar
Zehn Heerden voller Blut von Nabals Trifften
liegen.

Promotionsgedicht J. G. Hahn vom Okt. 1717, S. 3
Solt ich der eintzige von Deinen Dienern seyn, Z. 1–16

Ich schlacht, ich zünd es an, das Räuch-Werck ist
dabey,
Du kennst ja Deinen Ruhm, der starck und kräff-
tig flieget,
Nur sprich mich, bitt ich Dich, von dieser Sünde
frey,
Daß Dein Verdienst kein Lob von meiner Muse
krieget.
Was soll das arme Mensch, und auch ihr blöder
Sinn
Mit ihrer Heißerkeit sich so verspotten lassen?
Ja hätte sie den Mund der netten Ludwigin,
Sie würde dieses Amt mit beyden Lippen fassen,
So aber klingt ihr Thon, ich hätt es bald gesagt,
Was thuts ihm endlich auch, wie eine halbe
Schelle,
Und Phœbus hat anietzt schon funfzehn mal ge-
gefragt,
Was vor ein heller Thon ihm in den Ohren gelle.
Jetzt eil ich auf den Wunsch, es ist die Mode so.
Ich lauffe gerne kurtz, doch länger als ich reime:
Dein Glücke singe stets mit Mund und Hertzen
froh
Biß auf den Doctor-Hut Dir bald von Hauben
träume.

J. C. Göbel

Promotionsgedicht J. G. Hahn vom Okt. 1717, S. 4
Solt ich der eintzige von Deinen Dienern seyn, Z. 17–32

Abb. 55

55

Von
Wirthschafft
Keuscher Liebe,
entworff
Bey dem
In Buntzlau
Congolius=
Und
Krantzischen
Hochzeit=Feste
Den 10. November 1717.
Folgende eilfertige Gedancken,
Ernst Ludewig Krantz.
C. M.

Hochzeitsgedicht Longolius/Krantz vom Nov. 1717, S. 1
Vgl. Band II.1, S. 389–392

Ch soll vermählte Schwester-Braut!
Bey Deiner Ehren-Freude singen;
Allein es schauert mir die Haut
Vor solchen ungewohnten Dingen.
Du weist es mein Poeten-Pferd
Ist stätig wild und unberitten
Und drabt mit so geschwinden Schrit-
      ten
Als wie ein Baul der Eisen fährt.
Wie wenn ich mit dem faulen Thiere
Im Kothe Schimpff und Schand erführe.

Jedoch es geh so gut es kan,
Die Reime fliessen von sich selber
Und kommen mich schon leichter an
Als deine beste Kuh die Kälber.
Nur bitt' ich hänge nicht das Maul
Und halt den Brüderlichen Blute
Den kurtzen Hochzeit Schertz zu gute
Denn Bursche sind zum Ernste faul,
So lange sie auff hohen Schulen
Mit mehr als neun Camänen buhlen.

Die Liebe winckt und lehrte mich
Dich als ein Land-Guth zu betrachten,
Und sagte sie gedächte Dich
Dem besten Wirthe zu verpachten.
Dein Bräutgam kam von ohngefehr
Und meynte daß er wohl verstünde
Was sich bey solcher Arbeit finde,
Damit, deßwegen und daher
Begehrt er von der keuschen Liebe
Daß sie dis Land-Guth Ihm verschriebe.

Hochzeitsgedicht Longolius/Krantz vom Nov. 1717, S. 2
Ich soll, vermählte Schwester Braut! Z. 1–30

Abb. 57

57

Die Liebe gieng den Handel ein
Und sprach: Bezahle mir mit Küssen,
So magst Du gar Besitzer seyn
Und es Dein Leben-lang genüssen:
Der Käuffer zahlte willig hin
Und hats in Wahrheit nach Verhoffen
So schön, so reich, so gut getroffen
Deß ich gewiß versichert bin,
Von nun an könn' Ihn auff der Erden,
Kein Lust-Schloß so gefällig werden.

Er hat hier, wes er wünschen darff,
Er kriegt den grünen Jungfer-Garten;
Brennt Ihn der Mittag künfftig scharff
Sa kan er auch in Büschen warten.
Er spürt das Vor-Werck junger Lust
Nebst Bächen, Hügeln, Thal und Gründen;
Er wird ein fruchtbar Erdreich finden;
Und um den Milch-Weg reiner Brust
Erblickt Er in dem neuen Stande
Den Abriß vom gelobten Lande.

Erfreuter Bräutgam! ists nicht wahr?
Diß Land-Guth geht Dir über Gosen;
Hier scheint der Himmel immer klar
Hier blüht es überall von Rosen;
Und also schon' und spahre nichts
Die Wirthschafft richtig zu bestellen,
Man nährt sich auch in solchen Fällen
Im Schweisse seines Angesichts,
Und Dein verliebtes Acker-Leben
Wird Himmel-Brodts die Fülle geben,

Ein Landmann hat gar viel zu' thun,
Bald muß er Pflug und Eegen keilen,
Bald läst er Feld und Furchen ruhn,
Wenn Näß' und Regen ihn verweilen;
Er muß die Nacht der Arbeit weyhn,
Den Kopff in alle Winckel stecken,
Sich schmiegen, biegen, drehn und strecken,
Bey allem forn und hinten seyn;

Hochzeitsgedicht Longolius/Krantz vom Nov. 1717, S. 3
Ich soll, vermählte Schwester Braut! Z. 31–68

Damit er allzeit seine Dinge
Zu einem guten Stande bringe.

    Die Lehren brauchst Du endlich nicht
Es wird sich eilends besser geben,
Wenn Du die Braut erst abgericht
Dich in der Müh zu überheben;
O! gieb Ihr nur den Hand-Griff an
Wie man die Weiber-Wirthschafft führe,
Wie man das Butter-Faß regiere
Und junge Vögel pflegen kan,
So wird Sie glaub es alle Morgen
Vor Eyer, Milch und Nothdurfft sorgen.

    Vergnügtes Paar! ich lasse nun
Dich mit einander Wirthschafft treiben;
Der Himmel soll das beste thun
Und seinen Seegen einverleiben.
Das Glücke leite Deinem Fuß
Durch einen Schrancken lange Jahre,
Und crön' auch einst die Greisen-Haare
Durch der Vergnügung Uberfluß;
Biß endlich Deiner Kinder Baben
Auch Lust zu solcher Wirthschafft haben.

Hochzeitsgedicht Longolius/Krantz vom Nov. 1717, S. 4
Ich soll, vermählte Schwester Braut! Z. 69–90

Abb. 59   59

TIT. pl.

Dem Wohl-Edlen und Hochgelehrten Herrn

HERRN

Joh. August

Heinichen/

Lipf. Misn.

Wolten

zu seiner in Halle den 5. Febr. 1718. angestellten

PROMOTION

IN

LICENTIATUM MEDICINÆ

in gegenwärtigen Zeilen von Hertzen
gratuliren

vier auffrichtige Freunde/

Die es

Mit Ihm Hertzlich Meynen.

Leipzig/
gedruckt bey Christian Scholvien.

Promotionsgedicht Heinichen vom Febr. 1718, S. 1
Vgl. Band II.1, S. 191–194

Zu läugnen ist es nicht/ wir würden/
möcht es seyn/
Doch ohne Schimpff gesagt/ des Artz-
tes gern entbehren;
Doch setzen wir vor aus/ wenn nemlich
Fleisch und Bein
Kein angesteckter Zeug von Adams
Ribbe wären.
Allein nachdem das Gifft der ungesunden Frucht/
Die ein vernaschtes Weib und wir durch sie verschlungen/
Noch täglich ziehrt und würckt/ so bleiben wir gezwungen
Den Finger anzuflehn/ der Pulß und Hitze sucht/
Und müssen/ sind wir gleich auch Götter dieser Erden/
Im Reiche des Galens zu Unterthanen werden.

Der Apffel war verzehrt/ der Tod kam in die Welt/
Die Leuthe wuchsen schnell/ die Seuchen noch geschwinder;
So weit die Sonne steigt/ so weit die Sonne fällt/
Ergrieffen Brand und Pest/ die halbverzagten Sünder/
Dem faulten Lung und Miltz/ dem schwollen Halß und Leib/
Den warf der blaue Schlag/ der schwand an Fuß und Händen/
Der schnappte nach der Lufft den züchtigten die Lenden/
Dort wältzte sich ein Kind/ dort kriß ein müdes Weib/
Und wo man hört und sah/ da hört und sah man Heulen/
Bluth/ Blattern/ Beyser/ Schaum/ Schleim/ Eyter/ Koth
und Beulen.

Erbarmung aus der Höh! du sahst das Elend an/
Du sahst es nicht allein/ du nahmst es auch zu Hertzen/
Dein Mitleyd ward erweckt der Himmel aufgethan
Und/ sieh! da kam ein Trost der allgemeinen Schmertzen/

Promotionsgedicht Heinichen vom Febr. 1718, S. 2
Zu läugnen ist es nicht, wir würden, möcht es seyn, Z. 1–24

Abb. 61 61

Erfahrung und Vernunfft/ die Bothen deiner Kunst/
Verschworen sich bey Dir vor unser Heyl zusammen/
Da wich das Ubel aus/ da legten sich die Flammen
Der kützelnden Geschwulst/ da stieg Hygeens-Kunst
Auf ihren Ehren-Stuhl und fing uns an zu lehren/
Wodurch man fähig sey der Feinde Macht zu stöhren.

Wie glücklich ist der Mann/der hier ein Schüler heißt/
Und wieder Tod und Gifft die Waffen brauchen lernet/
Das Alter wird sein Lohn/ er übt den klugen Geist
An Dingen/ welchen sich des Pöbels Aug entfernet.
Ihm müssen Thier und Kraut getreue Diener seyn
Er kennt der Seelen Hauß das künstlichste Gebäude/
Es ist kein Berg so groß/ er sucht sein Eingeweyde
Und steiget der Natur in alle Kammern ein/
Da kan sie nichts so tief und nichts so hoch verstecken/
Sein Einsehn weiß es doch den Sinnen zu entdecken.

Was schenckt ihm nicht sein Amt vor Vortheil und vor
Lust/
Die Krancken heissen ihn als ihren Gott willkommen/
Es bleibt ihm nichts geheim/ oft wird er in die Brust/
An der er vor geheilt/ zum Liebsten eingenommen/
Die Mütter traun ihm stets ihr schön und blasses Kind;
Die Armen bethen ihn zu einem reichen Manne/
Bey Reichen strahlt sein Lohn in einer Nectar-Kanne/
Und Fürsten sind bey Ihm was andre Menschen sind;
Und schreibt ihn Nabal gleich nicht allemahl zum Erben/
So hat er dieß von Ihm/ er lernt getroster sterben.

Ha! ha! gedenckt ein Thor/ der nichts von Arbeit liebt/
Ists so ein köstlich Ding um Meditrinens-Glücke?
Nun weiß ich was mir Brod und faule Tage giebt/
Worzu ich mich für wahr am allerbesten schicke.
Wie bald begreifft man nicht die Pillen-Drechßlerey/
Hier liegt mein Theophrast da steht der gantze Plunder
Ein Glaß voll Ofen-Ruß ein Läpgen Hemde-Zunder/
Ein goldnes Polychrest, ein Perlen-Tranck vom Ey/
Ein Pfund Verwegenheit ein glattes Maul voll Lügen
Das ist ein gut Recept, die Einfalt zu betrügen.

Promotionsgedicht Heinichen vom Febr. 1718, S. 3
Zu läugnen ist es nicht, wir würden, möcht es seyn, Z. 25–60

Gekleckt iſt nicht gemahlt; du blinder Davus ſchweig!
Die Pfuſcher haben nichts als Fluch und Schimpff zu hoffen/
Nicht einer überkömmt Hygeens Ehren=Zweig/
Wofern er nicht bereits den rechten Zweck getroffen.
Was braucht es viel Beweiß? Gelehrt und Edler Freund!
Dein Beyſpiel unterſchreibt und läſt uns itzt erfahren/
Daß ſchon Hippocrates vor zweymal tauſend Jahren
Dich/ den er nicht geſehn/ durch dieſen Spruch gemeynt:
Es könne ſich ein Artzt/ o laß die Mißgunſt lachen/
So bald er Weißheit liebt den Göttern ähnlich machen.

Dis Lob iſt Dir genug; denn Wahrheit ſchwatzt nicht viel/
Die Saal' erkennt es wohl und läßt Dich heute ſteigen/
Morbona ſteht in Furcht/ die Parcen ſehn ihr Ziel
Und halten Dich vor ſtarck ihr altes Recht zu beugen.
Dieß iſt was unter uns ein ieder wünſcht und glaubt/
Beſuch und ſtärcke nun der Schmachtenden Verlangen/
Der Nutzen ſchleicht Dir nach/ die Ehre will Dich fangen/
Und Venus hat Dir ſchon ein ſchönes Kind geraubt.
Bey Krancken ſchone Dich doch mehr bey den geſunden/
Bey welchen mancher Artzt ſein ſüſſes Grab gefunden.

Abb. 63   63

Den glücklichen Abzug

Des

Wohlgebohrnen Ritter und Herrn

Herrn

Daniel Gottlob

von Niecksch

und

Roseneck,

Erb-Herrn auf Ober und Nieder-Adelsdorff rc.

Welcher

den 11. April. des 1718. Jahres

Nach rühmlichst vollführtem Academischen Fleisse aus dem edlen
Leipzig in sein werthes Schlesien wieder zurückekehrte,

begleitete

mit betrübter Feder

Seines

Hochadelichen Mäcenaten

ergebenster Diener.

Johann Christian Günther

von Striegau aus Schlesien
Kayserl. gekrönter Poete.

Leipzig,
gedruckt bey Christian Scholvien.

Geleitgedicht v. Niecksch vom April 1718, S. 1
Vgl. Band II.1, S. 207–213

Egleitet, wen ihr sollt, ihr matten Pierinnen!
  Und hinckt, so gut ihr könt, in Elegien mit,
Solch lauffen offenbahrt den Zustand blöder Sinnen,
  Und unsre Schickung macht den schieffen Wechsel-Tritt.
Verargt man euch den Gang, und strafft man eure Füsse,
  Die Schmertz und Wanckelmuth bald aus bald einwerts setzt,
So sagt es wie gedrückt der Dichter leben müsse,
Und gebt der Zeit die Schuld, die euch durch ihn verletzt.
Gestehт es nur der Welt, kein Armer darff sich schämen,
  Verfolgung und Verdruß verderb ihm Griff und Spiel,
Und sprecht: es grau ihm itzt die Saiten vorzunehmen,
  Womit er dann und wann den Ohren wohlgefiel.
Gilt fremdes Eigenlob, was wird wohl itzt nicht gelten,
  Da jeder den Betrug gelehrter Prahler ehrt,
Die bessre neben sich so frey und trotzig schelten
  Als hätten sie den Rath der Weißheit angehört?
So hab ich gilts auch mir, dem Himmel zwar zu dancken,
  Daß dessen milde Gluth mein kaltes Hertz bewegt,
Krafft welcher sich mein Fuß, jedoch in Demuths-Schrancken,
  Denn Ehrgeitz stürtzt sich selbst, zum Musen-Hügel trägt.
Es heißt mich die Natur, ich red in Thorheit, singen,
  Es mahlt mir Lieb und Lust die Müh geringe vor
Und bläst mir öffters ein: Erschrick nicht vor den Schwingen,
  Die Dädals sichres Kind auf heisser Bahn verlohr.
Allein ich bitt euch drum, was thut wohl Lust und Liebe?
  Wenn Ohnmacht und Gewalt das schnelle Blut verdämmt,
Was hilfft die reiche Gluth der eingepflantzten Triebe?
  Wenn äuserlicher Frost der Geister Ausbruch hemmt.
Gebundne Tapfferkeit erschlägt auch keine Mücke,
  Wo Haar und Krafft entweicht, da heißt es: Simson halt;
Ein allzulanger Blitz versehrt die schärffsten Blicke,
  Und wen der Strohm ergreifft dem wird die Regung kalt.
Der Vers erfodert Muth, der Muth entspringt vom Himmel,
  Giebt dieser Sonnen-Schein so läst sich jener aus,
Hingegen bringt der Sud ein finstres Lufft-Getümmel,
  So kriecht die Munterkeit nach Art der Schneck' ins Hauß.
Seht fragt bey David nach; die Angst macht kurtze Psalmen
  Und Hiob, der nur kratzt, flucht besser als er reimt;
Ja schweigt doch wohl Homer bey Agamemnons Palmen
  So bald ihm ohngefähr von bösen Stunden träumt.
Mein Naso weiß es auch, wie schwer der Kummer Dichte,
  Und daß nicht alle Noth den Worten Krafft verleih;
Die Hoffnung führt ihn dort im Elend um die Fichte,
  Damit vergaß er offt wo itzt sein Pindus sey.
Entschuldigt doch dieß Blat, ihr Meister guter Lieder!
  Das überhäuffte Leid verrückt mir Ziel und Haupt,
Drum schreib ich wie es fließt ohn allen Zierrath nieder;
  Denn Sclaven harter Noth ist wenig Pracht erlaubt.
Ich würde meinen Schmertz der Länge nach beweinen,
  Und brächte, glaubt es doch, zehn Klage-Bücher voll;
Nur Striegau hält mich ab und weißt in Brand und Steinen,
  Worauf ich als sein Kind die Thränen sparen soll.
Die arme Vater-Stadt verliert sich in der Asche,
  Dis ist von meinem Weh der stärckste Wetter-Schlag,
Der Brand-Fleck geht nicht aus wie scharff ich ihn auch wasche;
  O! daß mein Seuftzen nicht die Flamme dämpfen mag.
Haß, Unruh, Aergerniß, Gefahr, Verlust und Wachen,
  Verstellter Feinde Spott, und Anverwandte List
Vermochten sonst mein Haupt so mürbe nicht zu machen
  Als itzo da die Gluth ihr letzter Beystand ist.
Ein wahrer Schmertz verstummt, und sagt nicht was man fühlet,
  Ich schweig' und dencke nur: der Donner fahre zu;
Er trifft ein weiches Hertz, auf dem sein Grimm verspielet,
  Und stört mir nun nicht mehr die stille Seelen-Ruh.

Geleitgedicht v. Niecksch vom April 1718, S. 2
Begleitet, wen ihr sollt, ihr matten Pierinnen! Z. 1–64

Abb. 65

65

Diß Kleinod hoff ich mir durch Weißheit anzuschaffen.
  Ein Spötter kützle sich, ich gönn ihm seinen Wurm
Und nehme die Gedult, den Harnisch aller Waffen;
  Wer so am Ufer sitzt belacht den fernen Sturm.
Der grobe Vorwurff fehlt mit sammt den Weiber Sprüchen:
  Der Wissenschafften Preiß erhalte keinen Leib;
Der Mangel rieche schon aus viel gelehrten Küchen/
  Und reimen heisse nur der Faulen Zeitvertreib.
So alt-klug schwatzt ein Maul, daß alle sieben Künste
  So wie ein Dähnscher Hund ums liebe Brodt erschnapt,
Sein Bäurischer Verstand ersäufft sich in Gewinste,
  Was Wunder wenn sein Schluß nach Drescher Griffeln klapt
Gottlob! daß hin und her noch manch Gemüthe kostet,
  Wie herrlich der Geschmack gesunder Dicht-Kunst sey
Die, ist gleich dem und der das Nasen-Sieb verrostet,
  Noch offt den Titul kriegt: Der klugen Specerey.
Laß, Wohlgebohrner Herr! Dein eignes Urth'il sprechen,
  Doch mach' ein Creutz darzu sonst wird das Lob beschrien;
Was gilts? du leugnest nicht, das Dichter Rosen brechen,
  Die in der Einsamkeit von Selbst-Vergnügung blühn.
Du kennest, Du begreiffst das innerliche Wesen
  Indem die Eigenschafft der Poesie besteht,
Es hat mir ja Dein Fleiß so manches vorgelesen
  Daß an Vernunfft und Kunst weit über andre geht.
Ich sucht in Deiner Brust den Zunder auffzuwecken
  Und sieh! ich sucht es kaum, so brach sein Glantz hervor,
Da tausend unter uns nur Mißgeburthen hecken,
  So zeugtest Du gar bald, was ime sein Lob verlohr.
Du gehst dem Opitz nach, Du witterst Flemmings Spuhren,
  Die beyde mehr gethan als mancher Stümper glaubt;
Sie sind es die Athen und Welschlands alte Fluren,
  O Diebstahl sonder Schimpff! mit Deutscher Faust beraubt.
Dein Canitz speiset Dich mit ernstlichem Vergnügen,
  Sein kleiner Uberrest verräth den grossen Geist,
Der Hoff und Stadt verließ und durch sich selbst gestiegen
  Wohin noch wohl so bald kein andrer Rachel reist.
Was trägt der alte Gryph vor Nachdruck in Gedancken?
  Wie künstlich greifft er nicht des Lesers Regung an?
Und was vor Zärtligkeit eröffnet uns der Schrancken,
  Indem es Hoffmanns Schritt den Welschen nachgethan?
Du schätzest Neukirchs Werth und fühlst das edle Feuer,
  Wodurch sein reiner Kiel die Helden ewig macht;
Du siehst auch wie der Zahn von Pythons Ungeheuer
  Vergebens und umsonst in Wentzels Wäldern kracht.
Wo aber laß ich denn den groß und theuren Nahmen,
  Mit welchem ein Pavin der Feder Hoheit theilt?
Und wer sie alle sind die zum Parnassus kamen,
  So bald der Bober Schwan den ersten Crantz ereilt.
Wohlan vermehr auch Du die Menge solcher Lichter
  Du hast Gelegenheit, Geld, Ehre, Stand und Ruh
Und was das Hauptwerck ist, den Trieb der jungen Dichter.
  Denn was ein ander sucht das fällt Dir blindlings zu.
Es ahnt mir Schlesien verliere seine Schwäne,
  Ich seh' sie, seh ich recht, vorlängst nach Norden fliehn,
Und fürchte, wenn ich gleich von Brocksen nichts erwähne,
  Es werd uns Amthors Klang mit Scham-Röth überziehn.
Erhalt, Gelehrter Nicksch! dem werthen Vaterlande
  Den von der Väter Kunst uns angeerbten Ruhm,
Tritt künfftig vor den Riß, erlöß uns von der Schande:
  Als ehrten wir nicht mehr des Phoebus Heiligthum.
Du hast auch Zeug genug, Du darffst nur täglich singen,
  Die Thaten unsrer Zeit begehren einen Mann,
Der was ietzt Fried und Krieg vor Wunder mit sich bringen
  In Bildern netter Schrifft der Nachwelt liefern kan.

Geleitgedicht v. Niecksch vom April 1718, S. 3
Begleitet, wen ihr sollt, ihr matten Pierinnen! Z. 65–128

Du siehst die Majestät des grossen Käysers blitzen,
     Du hörst den gütgen Carl in Ungern schröcklich seyn,
Wen wolte nicht Eugen/ Gradivens Sohn erhitzen?
     Ven dessen Tapfferkeit so gar die Leichen schreyn.
Byfantz erschüttert sich und kriegt ein tödlich Grauen,
     Es spückt sein Untergang in bösen Zeichen vor;
Es heult sein wilder Hund dem Adler in den Klauen,
     Und wirfft dem Mahomet so jäscht als Fluch empor.
Wer singt nicht Oesterreich und Habspurgs Palmen-Reiser?
     Das, weil die Vorsicht stets die hohe Demuth liebt,
Den Ländern Väter schenckt, dem Deutschen Reiche Kayser
     Dem Himmel Heiligen, der Erde Götter giebt.
Vielleicht ist auch anjetzt ein neuer auf dem Wege,
     Den Sehnsucht und Gebeth dem Höchsten abgeweint,
Die Allmacht mach es wahr und bähn ihm sichre Stege
     Bis Leopold dadurch noch gegenwärtig scheint.
Du siehst, Geneigtes Haupt! die Arbeit Deiner Flöte,
     Die Windel und Triumph in kurtzem blasen soll
Macht anders, trifft es nur der niedrigste Poete/
     Ein neugebohrner Printz die nächsten Siege voll.
Heut aber zeuch getrost aus Leipzig Lust-Gefilden,
     Dir kan sein Paradieß so sehr nicht bange thun,
Dein Väterliches Guth wird dessen Abriß bilden,
     Und läst Dich wo Du wilt in gleicher Anmuth ruhn.
Der Rauch von Ithaca erqvickt Ulyssens Augen
     Und unsrem Logau kan das kleine Roschkowitz
Mehr als Fontainebleau dem grossen Ludwig taugen/
     Warum? er liebte dort der Musen Schatten Sitz.
Dein settes Adelsdorff erwartet Dich mit Schmertzen,
     Die Sehnsucht hält und hemmt der schnellen Deichse Lauff,
Sie läst des Zephirs Braut am grünen Rande schertzen
     Und hebt vor ihren Herrn viel nasse Schönheit auf.
O! welche Seligkeit verspricht Dir so ein Leben;
     Du wirst ein Herr vor Dich, bepflügst dein eignes Land
Und darffst den Höfen nicht viel gute Worte geben,
     Und kriegst des Himmels Gunst bald aus der ersten Hand.
Die Gegend Deines Orths versteckt dich vor den Sorgen,
     Dein Thun verbleibt geheim, Dein Ansehn ungekränckt,
Du hast vom Glücke nichts als Mäßigung zu borgen,
     Die unser Wohlergehn zum höchsten Guthe lenckt.
Die Felder bringen Dir des Seegens Augen-Weide,
     Es wiederhohlt der Wald Dein selbst gemachtes Lied,
Das junge Wollen-Vieh gebiert Dir Nutz und Freude,
     So offt der falsche Mertz sich überwunden sieht.
Du weist Dein schönstes Pferd am besten abzurichten,
     Und brauchst nur dessen Kunst die Gräntzen zubesehn;
Es nützt Dir auch kein Buch von viel Natur-Geschichten,
     Denn was man hier erzehlt das siehst Du selbst geschehn.
Nun hast Du wenig Grund den Flaccus zubeneiden,
     Dein Tibur bettet Dir die Wollust auf den Klee
Hier breite Dich allein bis wenn die Störche scheiden
     Noch etwas, das Du liebst, mit Dir zu Bette geh.
Dein Blut ist viel zu werth auf Rasen zu verderben;
     Drum nimmt es Pallas selbst vor Krieg und Streit in acht
Und läst damit den Crantz der Deutschen Dicht Kunst färben/
     Weil so ein Carmesin den Lorber kostbahr macht.
Du solt den Ahnen Glantz den Vätern Ruhm gebähren
     Und ausser der Geburth kein Vortheil schuldig seyn,
Und gleichwohl brauchst Du nicht den Degen zu beschweren;
     Der Lohn der Wissenschafft bringt solches doppelt ein.
Man sieht Dein Wappen-Bild an hundert Cedern gleissen,
     Die unser Helicon den Dichtern vorbehält,
Hier soll es kein Orcan aus Eyfersucht zerschmeissen,
     Als bis es mit der Last des Weltgebäudes fält.

)o(

Geleitgedicht v. Niecksch vom April 1718, S. 4
Begleitet, wen ihr sollt, ihr matten Pierinnen! Z. 129–192

Abb. 67   67

Auf den zwischen Ihrer Röm. Kays. Majest. und der Pforte geschlossenen Frieden, 1718.

EUGEN ist fort; Ihr Musen/ nach!
Er steht/ beschleußt und sicht schon wieder/
Und wo Er jährlich Palmen brach/
Erweitert Er so Gräntz als Glieder.
Sein Schwerdt/ das Schlag und Sieg
vermählt/
Und/ wenn es irrt/ aus Großmuth fehlt/
Gebiehrt dem Feind ein neues Schrecken/
Und stärckt der Völcker Hertz und Macht/
Die unter Adlern Blitz und Nacht
Die Flügel nach dem Monden strecken.

Die Wahlstadt ist noch naß und lau/
Und stinckt nach Türcken/ Schand und Leichen/
Wer sieht nicht die verstopffte Sau
Von Aesern faul und mühsam schleichen?
Und dennoch wil das Deutsche Blut
Den alten Kirchhof feiger Wuth
An jungen Lorbern fruchtbar machen;
Und gleichwol hört der dicke Fluß
Des Siegers feurigen Entschluß
Aus Mörser und Carthaunen krachen.

Es schnaubt des Uberwinders Roß/
Es schäumt und rückt den Streit von fernen/
Das Glücke mengt sich in den Troß/
Um vom EUGEN Bestand zu lernen.
Die Lufft erthönt/ das Ufer bebt/
Der Reuter brennt/ das Fußvolck strebt
Den wilden Hauffen anzurennen;
Und wer nicht schärffer stinckals sieht/
Der dürffte/ wenn die Mannschafft zieht/
Ihr Heer ein fliegend Hertze nennen.

Nur drauf/ Du Kern der Deutschen Treu/
Nur drauf/ Du Krafft aus Hermanns Hüfften!
Beweise/ wer dein Ahn-Herr sey/
Und krön ihn auch noch in den Grüfften;
Dein Haupt/ dein Beyspiel/ dein EUGEN/
Läst alle/ die Dir widerstehn/
Ein tödtliches Verhängniß wissen/
Er steht/ Er eilt/ Er würgt dir vor/
Es ist noch um ein eisern Thor/
So wird die Pforte springen müssen.

Dort/ wo der Zeiten Eigen-Sinn
Die Brücke des *Trajans* zerdrümmert/
Dort wirff die Augen vor dir hin/
Dort mercke/ was so schwärmt und schimmert.
Es rauscht wie Panzer und Gewehr/
Es ist ein Römisch Geister-Heer/
Es sind die Seelen alter Helden/
Sie kommen deinen Muth zu sehn/
Und werden/ was durch Ihn geschehn/
Der Ewigkeit voraus vermelden.

Braucht/ tapffre Sieger! braucht das Hefft/
In Gegenwart so seltner Zeugen/
Die/ wo mich nur kein Blendwerck äfft/
Aus jenem dunckeln Reiche steigen.
Warum? Sie wollen nicht allein
So schlecht und faule Zeugen seyn.

Sie helffen euch in Sieg und schlagen;
Denn/ hat ihr Schatten gleich kein Hertz/
So kan er doch wohl hinterwärts
Den Feind mit kalten Schauer plagen.

Gieb acht/ erschrocknes Morgenland!
Du kennst den Blitz/ des Adlers Stärcke/
Er waffnet unsers Helden Hand/
Und ziehet auf größ're Wunder-Wercke:
Hier Schwerdt des HErrn und Gideon/
Auf! blasse Türcken auf! davon;
Nein/ steht und lernt noch besser fühlen/
Hier schlägt der Degen und der Mann/
Den GOtt kaum tapffrer wählen kan/
Euch Hitz und Wahnwitz abzukühlen.

Ihr übereilt euch Schritt vor Schritt/
Ihr kommt mit Roß/ Camel und Wagen;
So/ bringt uns fein das Werckzeug mit
Den Raub bequemer wegzutragen;
Nun strengt euch an; Es giebt Gefahr/
Nun hinckt um Mahomets Altar/
Nun steht ihm mit gesenckten Waffen/
Nun rufft doch laut/ nun schreyt doch zu/
Er hält vielleicht noch Mittags-Ruh/
Er dichtet/ oder hat zu schaffen.

Umsonst/ der stumme Götz ist taub;
Ihr mögt euch selbst zu Hülffe ruffen/
Kommt/ seyd ihr Männer? holt den Raub/
Wir reissen aus/ verfolgt die Stuffen.
Was säumt ihr denn? Was steht ihr da?
Wie: geht euch unser Schaden nah?
Wie: macht euch unsre Zaghheit müde?
Probirt sie. Weh uns! *Amurath!*
Du sinnst auf eine grosse That/
Was kommt heraus? Was suchst du? Friede.

Ha! sinckt dein Hochmuth schon so tieff/
Du schertzest/ oder hast vergessen/
Wie *grauiam* nächst dein Meyneid rieff/
Als wolt er uns/ von weiten fressen/
Wie: stimmt dein dort vermeßnes Schreyn
Mit dieser Demuth überein?
Ja/ Noth macht offt Gebeth aus Flüchen/
Ja/ ja dein Hertz und auch dein Mond
Sind beyd an eine Zeit gewohnt/
Und zeigen sich nur zum verkriechen.

Du hast auch wohl wahrhafftig Zeit/
Denn zwischen deinem Stehn und Weichen/
War nunmehr sonst kein Unterscheid/
Als unsers Angrieffs Loosungs-Zeichen.
So manche Klinge stund schon bloß/
So mancher Donner schlug schon loß
Dir Hals und Lästern abzukürtzen;
Europa selbst beschloß schon fest/
Dein stoltz *Serail*, dein Huren-Nest/
Von seinem Rand ins Meer zu stürtzen.
Bysantz/ erkenn anietzt den Werth
Von *Rudolphs* Göttlichem Geblüte/
Und küsse CARLS gereiztes Schwerdt/

Es

Eugen-Ode vom Juli/Aug. 1718, S. 1

Vgl. Band II.1, S. 112–127

Eugen ist fort; Ihr Musen, nach! Z. 1–56, 57–113

Es hat nicht minder Schärff als Güte.
Du fehlst/ es strafft/ du fiehst/ es schenckt/
Und wird durch Demuth abgelenckt/
Und läßt sich siegend überwinden.
Ihn selbst zwingt nichts als Buß und Reu/
Wer lehrt dich tumme Tyranney!
Dergleichen kluge Waffen finden?

Wie kanst du/ Schutzgott Deutscher Ruh!
Der frechen Schaar so leicht vergeben?
O fahre mit dem Donner zu/
Ihr Fall wird doch dein Lob erheben/
Doch nein; Du zeigst auch hier dein Reich/
Und fesselst Feind und Zorn zugleich/
Und brauchst die Keile nur zum schützen/
Die Sanfftmuth krönt dich mehr als Gold.
Denn wenn Du straffen must und sollt/
So wilt Du nur dem Sünder nützen.

Hört Frevler! die ihr weder Rath/
Noch Trost/ noch Schutz/ noch Ablaß findet/
Und nach vollbrachter Missethat
Die Zuflucht an die Fersen bindet!
Faßt/ sucht ihr Rettung und Erhör/
Die Hörner des Altars nicht mehr/
Auch Joab kan nicht sicher flüchten/
Kommt/ faßt des sanfften Kaysers Knie/
Hier liegt sein Hertz/ hier giebt sichs Müh/
Die Thorheit mit Gedult zu richten.

Verwegne Feder! halt doch ein
Und schone CARLS vollkommne Gaben/
Sonst werden wir die ersten seyn/
Die diese Freystadt nöthig haben.
Die Wahrheit haßt die Mahlerey/
Dein Lob macht doch kein Conterfey/
O trag ein Ehrerdiethig Schweigen/
Und weis' in Habspurgs Ahnen-Saal/
Und sprich: CARL faßt Sie allzumal;
So kanst du seine Grösse zeigen.

Zurück/ ihr Musen/ in das Feld/
Dort sproßt der Oelzweig aus den Lanzen/
Irene flicht ein Lauber-Zelt/
Geht springt mit ihr auf Wall und Schantzen.
Die Schwerdter werden Sichel-krumm/
Das Glücke schmeltzt die Kugel um/
Und geust den Helden Ehren-Säulen;
Die Freuden-Gluth frißt Kraut und Loth/
Das Stücke wirfft mehr Lust als Tod/
Und darf nicht mehr gefährlich heulen.

Schläft *Naso* noch um jenen Ort/
Wohin ihn das Geschrey begraben/
So wünsch ich mir ein Allmachts-Wort/
Nur ihn dadurch erweckt zu haben;
Jetzt dächt er nie ans Vaterland/
Jetzt würde sich so Harf als Hand/
In CARLS Person und Ruhm verlieben/
Jetzt wär Eugen sein Lob-Gesang/
Jetzt spräch er: *Cæsar* habe Danck!
So glücklich hast du mich vertrieben.

Die Freude zieht sich weit herein/
Und wächst mit Meilen und in Städten/
Die unter Thau und Sonnen-Schein/
Vor LEOPOLDS Geschlechte bethen.
Der Tempel raucht von heilger Pflicht/
Die Priester tragen Recht und Licht/

Und ligen vor den Danck-Altären.
Vornehmlich sieht das hohe Wien/
Die Opffer-Flammen aufwärts ziehn;
Und von der Türken Beuthe zehren.

Die Regung macht mich ungeschickt/
Das frohe Deutschland abzureissen/
Wohin des Adlers Auffsicht blickt/
Da muß diß Jahr ein Halljahr heissen.
Der Friedens-Herold bläst und jagt/
Und wird von Groß und Klein gefragt/
Der Greiß läßt Stock und Schwachheit fallen/
Die Jugend spielt/ die Kindheit singt/
Und das/ was noch aus Brüsten trinckt/
Erklärt sich durch ein holdes Lallen.

Hier kommt ein junger Ritter an/
Und findet in dem nächsten Garten/
Der alle Strassen zeigen kan/
Sein schönes Kind mit Schmertzen warten.
Da geht es an ein zärtlich Thun/
Da läßt der Kuß den Mund nicht ruhn/
Da stockt das zitternde Willkommen;
Da wird/ was immer schmeicheln mag/
Als wär ein andrer Hochzeit-Tag/
Mit Hand und Mienen vorgenommen.

Dort spitzt ein voller Tisch das Ohr/
Und horcht/ wie Nachbars Hanns erzehle;
Hanns ißt/ und schneidet doppelt vor/
Und schmiert sich dann und wann die Kehle.
Da spricht er: Schwäger/ seht nur her/
Als wenn nun diß die Donau wär/
(Hier macht er einen Strich von Biere)
Da streifften wir/ da stund der Feind/
Da gieng es schärffer als man meynt/
GOtt straf/ ihr glaubt mir ohne Schwüre.

Dort muß ein tapffrer Wittwen-Sohn/
Der Mutter neuen Trost erwerben/
Und schließe nicht der Vater schon/
So müst er jetzt vor Freuden sterben.
Das gute Weib ist froh und rennt/
Und ändert gleich ihr Testament/
Und flucht dem falschen Todten-Scheine/
Und denckt: Nun hab ich einen Stab/
Und weiß/ wer einmal um mein Grab
Aus Treu und reinem Hertzen weine.

So sah der Griechen Jubel auf/
Als dort nach zehn Belagrungs-Jahren
Der Dardaner verwünschtes Haus
In geilem Feuer aufgefahren/
Corinth/ und Argos/ und Athen
Ließ Kampff-Platz/ Stall und Schulen stehn/
Und lief die Schiffe zu empfangen;
Weib/ Kind und Kegel drang an Port/
Und keins verstund sein eignes Wort
Vor Jauchzen/ Fragen und Verlangen.

Mich deucht/ die Zeitung nährt so gar
Auch unbeseelte Creaturen.
Der Hunds-Stern brennt und eifert zwar/
Und doch erquickt der Lenz die Fluren/
Wald/ Förste/ Thäler/ Berg und Hayn/
Gehn hier und dar ein Bündniß ein/
Die süsse Nachricht auszubreiten.
Die Nymphen scherzen um den Sand/
Und sprützen mit geübter Hand
Viel Bogen nasser Lustbarkeiten

So

Eugen-Ode, S. 2
Eugen ist fort; Ihr Musen, nach! Z. 114–176, 177–240

Abb. 69   69

So weit die Donau/ wie sie soll/
In Christlichem Gehorsam fliesset/
Und mehr Begierd als Wassers voll
Sich unter CARLS Geboth ergiesset/
So weit vermehrt sie ihre Lust/
(Denn Freude zieht das Blut zur Brust)
Durch Beytrag aus den kleinen Flüssen/
Die jezt den stündlichen Tribut/
Weil grosse Freude viel verthut/
Geschwind und doppelt liefern müssen.

Dort kommen Drave/ Sau und Teiß/
Und bringen ihr viel starcke Fluthen/
Hier wächst sie durch des Siegers Schweiß/
Und durch der Janitscharen Bluten/
Damit so fleucht ihr schneller Lauff/
Und hält die Wellen nirgends auf/
Als wo sie sich mit Fleiß verweilen/
Um/ wo ich also reden mag/
Dem Ister einigen Geschmack
Von unsrer Freyheit mitzutheilen.

Nun sieh doch/ wo du etwas stehst
Du böses Ismaels-Geschlechte!
Du kommst/ so oft du auswerts ziehst/
Dem Donner allemal zu rechte.
Dein toller Hund/ dein stumpfer Zahn/
Fällt Reich und Adler Krafft-los an /
Und muß so Blut als Haare lassen/
Dein Einbruch ist so gut als Flucht/
So gehts/ wer fremdbe Schläge sucht/
Kriegt meistens Spott und Strick zu fassen.

Du sündiast auf Vergebung los/
Und/ ausser CARLS Verdienst und Glücke/
Ersieht die Sonne nichts so groß/
Als deines Hochmuths Schwach und Tücke.
Dein Frevel kampfft mit eigner Quaal/
An Vorzug/ Länge/ Stärk und Zahl/
Und siegt sich selber zum Gehöne.
Geh/ trag nun den verwürgten Halß/
Ja gar den Aufschub deines Falls
Von Oesterreichs Gedult zu Lehne.

Nur glaube nicht/ verschnidtner Schwarm!
Dein Meyneid sey so durchgekommen/
Nachdem sein ganz zerschellter Arm
Zehn Jahr zur Heilungs-Frist genommen.
Der Friede/ den die Noth nur faßt/
Und den du halb erbettelt hast/
Erlöst dich nicht vom Zorn-Gerichte;
Nein/ nein/ verstockter Pharao/
Die Langmuth lacht und thut nur so/
Damit sie deine Boßheit sichte.

Zerreis den falschen Alcoran/
Er hat dich lang genung betrogen/
Dein lezter Fall rückt endlich an/
Und steigt mit unsern Sieges-Bogen:
Die Rach ist kein vergeßlich Weib/
Sie dringt zwar langsam auf den Leib/
Allein mit desto schärfferm Streiche;
Dein angemaßter Kayserthron
Erschrickt/ und wanckt/ und wittert schon/
Die Eitelkeit gestohlner Reiche.

Du! dem zu lieb Eugenius
Des Anfangs Untergang verschoben/
Du/ dem des Allerhöchsten Schluß/
Sein hohes Straf-Amt aufgehoben!

Komm fort und eil aus Blut und Schooß/
Komm/ eil auf unsre Zeiten loß/
Komm/ komm aus CARLS geweihten Lenden/
Es hält sich Asien gefaßt/
Dir ehstens/ angenehmer Gast!
Sein reiches Erb-Land zuzuwenden.

Was zieht sich vor ein Vorhang weg/
Ich seh den Schauplatz später Zeiten:
Dort hör ich einen Scanderbeg/
Dort seh ich einen Gottfried streiten;
Die Palmen grünen um sein Haupt/
Man heult/ man jauchzt/ man schlägt/ man raubt/
Kein Creutz-Zug macht ein solches Lärmen/
Der Erden groß und drittel Theil
Zerreißt der Saracenen Seil/
Und würgt den Hund mit seinen Därmen.

Der Nil erschrickt/ Damascus brennt/
Es raucht auf Ascalons Gebürgen/
Und durch den ganzen Orient
Herrscht Unruh/ Hunger/ Pest und Würgen.
Der Jordan steht wie Mauren da/
Als käm ein andrer Josua/
Er kommt auch/ doch aus Deutschem Saamen/
Wie heißt er? Ja die Schickung winckt/
Und raubt mir/ weil der Vorhang sinckt/
Stand/ Vorwiz/ Schauplatz/ Held und Namen.

Was macht in Ungarn der Soldat
Vor grausam kläglicke Gebärden/
Er dringt sich vor den Krieges-Rath/
Und hört mit Unruh Friede werden.
Er murrt/ er zörnt/ er schilt den Bund/
Wodurch der abgewiesne Hund
Der heurigen Gefahr entgangen;
Und ehrt er nur nicht den Eugen/
So soll er sich wol unterstehn
Den Krieg vom frischen anzufangen.

Sein Eyfer hat auch ziemlich recht/
Es muß die Tapfferkeit verdriessen/
Wenn Kleinmuth ihren Fortgang schwächt/
Und Thränen statt des Blutes fliessen;
Sie sucht nur Wehr und Widerstand/
Sie sucht mehr Ruhm/ als Leut und Land/
Und giebt nur ein verbittert Lachen/
Wenn/ eh ihr Degen Wunder thut/
Feind! Zelt/ Geschütz und Haab und Guth
Den Sieges-Wagen enge machen.

Ihr guten Deutschen! laßt seyn/
Und sprecht den tapffren Zorn zu frieden;
Die Lorbern gehn gleichwol nicht ein/
Sie grünen mitten in dem Frieden.
Der Palmbaum ist nicht schlimm versezt/
Wofern ihn fettes Ufer nezt/
Das hofft man auch von euch zu schreiben;
Geht! zieht ans Meer/ und kämpfft und sucht
Iberiens verlohrne Frucht
In Welschlands Gärten aufzutreiben.

Hält hier der Stillstand euren Muth/
So kan er dort mit Nachdruck blüten;
Nicht anders pflegt der Adern Blut
Nach kurzer Stremmung scharff zu sprützen.
Dort spannt ein neuer Friedens-Bruch/
Ein schnell und feindlich Segeltuch/
Geht! geht! und zeigt dem Niedergange
Ein schwarz und blutig Abendroth/

Damit

Eugen-Ode, S. 3
Eugen ist fort; Ihr Musen, nach! Z. 241–304, 305–368

Damit die Flotte/ so euch droht/
Den Port in Charons Kahn erlange.
   Wo schweiff ich hin? wo bleibt mein Held?
Entzieht Er Sich vielleicht der Erde?
Wie/ oder hebt sich nur sein Zelt/
Damit es nicht entheiligt werde?
Ja/ ja/ ich seh die Ewigkeit/
Sie webt und stickt sein Ehren-Kleid/
Umgiebt sein Bildniß mit den Sternen/
Und führt es zum vergöttern auf?
Nun mag der Enckel Lebens-Lauff
Den Vorzug unsr'r Tage lernen.

   O Printz! o grosser Printz! wie weit/
Wie weit entfernst Du dich dem Neide/
Und auch so gar der Möglichkeit/
Daß etwas deinen Krantz beschneide?
Homer behalt dir den *Achill,*
Æneas bleibe wo er will/
Sie sind am längsten groß gewesen;
Sie weichen doch mit Ehren aus/
Denn diß ist auch ein Lorber-Strauß/
Dem starcksten Palmen nachzulesen.

   Die Seele weiß von keiner Ruh/
Sie zeugt Gedancken aus Gedancken/
So/ theurer Held/ verfährst auch Du
In deinem weiten Lebens-Schrancken;
Dein Eyfer braucht Gelassenheit/
Das Wesen seiner Tapfferkeit
Besteht in lauter Klugen Siegen;
Dein Alter blitzt so spat als früh/
Was wolte wol die Poësie/
O Held! zu deinen Ehren lügen.

   Genug/ genug vor deinem Ruhm/
Genug mit blutigen Geschäfften/
Trag Helm und Schild ins Heiligthum/
Und laß es an die Cedern hefften.
Auch Großmuth macht dem Alter Raum/
Es blüht ja schon der Mandel-Baum
Auf deinen Lorber-reichen Haaren.
Geneuß doch einmal deine Ruh/
Und sieh nunmehr auch andern zu/
Wie viel sie unter Dir erfahren.

   CARL ist allein geschickt und werth
Getreue Dienste zu belohnen;
CARL/ Der wie GOTT/ nichts mehr begehrt/
Als daß die Völcker sicher wohnen.
CARL/ dessen Ohr vom Himmel nimt/
Was sein Befehl der Welt bestimmt/
Die kein Verhängniß naeher vergnüget/
CARL/ dessen Geist den Thron erhöht/
Und noch so weit darüber geht/
Als Zeind und Ehrfurcht drunter lieget.

   Ihr! die ein glücklich Feuer treibt/
Dein hohen *Maro* nachzukommen!
Was macht es/ daß ihr sitzen bleibt?
Ihr habt nicht rechten Stoff genommen.
Ihr sinnt/ ihr schreyt mit Angst und Müh/
Kennt Fabeln/ und vergeht wie sie/
Kommt/ wollt ihr hoch und ewig leben/
Kommt/ setzt die güldnen Federn an/
Und schreibt/ was GOTT und CARL gethan/
Der Adler wird euch mit erheben.

   Ja/ schreibt nur/ was ihr hört und seht/
Hier gilt Erzehlen mehr als Tichten.
Europa jauchzt/ und Stambel steht/
Wer weiß nur dieses in Geschichten?

Die Vorsicht/ so das Reich bewacht/
Erklärt den Zwiespalt in die Acht/
Und lehrt uns mit versöhnten Blicken;
Es werde diß sein mächtig Haupt/
Was Unrecht/ List und Neid g'raubt/
Den Barbarn aus den Klauen rücken.

   Das Erbtheil Josephs lebt in Ruh/
Und nährt sich von des Bruders Glücke;
Der Schäfer lacht/ sein Vieh nimt zu/
Die Lämmer werden feist und dicke;
Elysiens gelobtes Land
Treibt Handel/ bringt das Feld in Stand/
Und baut/ so Korn- als Weißheits-Häuser;
In Welschland blüht ein neuer Sieg/
So lehren beydes Fried und Krieg/
Der Sechste Carl der grösste Kayser.

   Der Sechst an Zahl/ der Erst an Ruhm;
Ihr Zeiten lernt den Tittel fassen.
Er zieret noch kein Alterthum/
Er fliegt allein in unsren Gassen.
Er giebt der *Fama* Geist und Schall/
Verewigt Felsen und Metall/
Und heiligt die geritzten Bäume/
Ja/ was das gröste Wunder schafft/
So stärckt des grossen Namens Krafft
Die Ohnmacht meiner schlechten Reime.

   Herr! so vermögend würckt dein Geist/
In kalt und schläfrige Gemüther;
Ich/ den nur Wind und Hoffnung speist/
Besitze weder Kunst noch Güther/
Ich lehr im Winckel/ Noth und Staub/
Und bin ein eingetheilter Raub/
Von so viel ungeneigten Zöllen/
Die/ hab ich gleich die Pallas lieb/
Und käm auch offt ein guter Trieb/
Mir dennoch Fleiß und Lust vergällen.

   Und sieh/ o Herr! auf einmal reißt
Mich deines Purpurs Anblick höher;
So schnell/ daß nichts geschwinder heißt/
Was red ich? Siegt Eugen nicht eher?
Dein Scepter führt mich auf die Spur/
Drum trotz ich Schwachheit und Natur/
Du nimst sie wie den Feind gefangen.
Herr! wachst dein Alter wie dein Reich/
So hoff ich mir noch viel vor Euch/
Ihr Deutschen Schwäne zu erlangen.

   Den welcken Lorber hab ich schon/
Nun mangeln noch Verdienst und Leben/
Diß muß ein *Mecænaten*-Sohn/
Und jenes CARLS Regierung geben.
Die Allmacht/ lasse nur sein Haubt/
Wofern es unsre Sünd erlaubt/
Nicht ehr/ Stern und Himmel zieren/
Als bis ein *Alexander* weint/
Dem eine Welt zu enge scheint/
Des Vaters Thaten auszuführen.

   Ich/ Herr! Dein tieffster Unterthan/
Will/ bleib ich auch im Staube sitzen/
Noch mehr auf deiner Ehren-Bahn/
Als vor dem Elends Ofen schwitzen;
Verstoß mich an den kalten Bär/
Ich geh/ und gern/ und find ein Meer/
Dein Lob in ewig Eys zu schreiben/
Denn weil die Augen offen stehn/
Soll CARL/ und Tugend/ und Eugen
Die Vorschrifft meiner Musen bleiben.

                             J. C. G.

Eugen-Ode, S. 4
Eugen ist fort; Ihr Musen, nach! Z. 369–434, 435–500

Abb. 71   7 I

Der
Entlarvte Crispinus
von Schweidnitz, aus Schlesien
Oder die
von den Musen gestriegelte
Tadel-Sucht,
Von
Johann Christian Günther,
Poet. Cæs. L. Phil. Med. Stud.

Horat: L. 1. Satyra IV. vers.13.
Nil moror.   Ecce
Crispinus minimo me provocat.

Crispin-Satire vom Juli/Aug. 1718, S. 1
Vgl. Band II.1, S. 280–302

Beſcheidner Leſer!

Erdieneſt du den Titel mit Recht, ſo müſſen dir freylich nachfolgende Blätter einige vor mich nicht gar zu vortheilhaffti-ge Gedancken in den Kopff ſetzen. Aber urtheile nicht vor der Zeit von einer Feder, welcher man die angebrachte Schärffe mit Gewalt abgezwungen. Ich bin niemahls von derjenigen Art Leute gewe-ſen, die die Mängel ihres Nächſten mit einem bittren Haſſe mehr auffzu-mutzen als zu verbeſſern gewohnet ſind. Denn das Tibi quód non vis fi-eri &c. iſt ſo gar vor ein unverbrüchliches Geſetze von mir gehalten worden, daß ich auch mit einer unnöthigen Guthwilligkeit gegen andere mir offters mahls ſelber nachtheilig geweſen. Daß ich ietzo die Regeln und Schran-cken einer Chriſtlichen Gelaſſenheit überſchreite, billiget die anhaltende Schmähſucht einer Zunge, welche durch ihre grobe Sprache einen Arcadi-ſchen Müller-Choraliſten verrathen un ſich durch ihre Läſterung des Rechts mit den menſchlichen Ubereilungen Gedult zu haben, vorlängſt verluſtig gemacht. Zeit und Papier ſind koſtbarer als daß ich ſie mit weitläuffti-gen Erzehlungen der von dem thörichten Criſpinus angefangenen Händel verſchwenden ſolte. So viel ſage nur zu meiner Rechtfertigung, ich ha-be mit einem Menſchen zuthun, der die Ehre der Beſten ſchändet, und die Ruhe des Nächſten auf alle Art und Weiſe zu kräncken ſuchet. Sein auffgeblaſener Hochmuth bedeckt ſich mit den Feigen-Blättern fremder Blöſſe, ſeine Wiſſenſchafft beſtehet in zuſammen geſchmierten Weiber-Hiſtörchen, ſeine Klugheit in einer einfältigen Tadelſucht, und ſeine Auf-führung in einem vorwitzigen Müßiggange. Ich wurde noch als ein Schüler von ſeiner Academiſchen Einbildung angegriffen und als ich ihm endlich

Crispin-Satire, S. 2
Vorwort, Z. 1–24

Abb. 73   73

endlich nach offtmahliger Ausfoderung mit einer spitzigen Feder unter die
Nase rückte, äusserte sich vor weniger Zeit seine boßhafftige Grobheit in
solchen Ausbrüchen die ich hier zu wiederholen vor unnöthig erachte. Er
hat dieselbigen in einer mit Angst und Müh zusammen geraspelten unge-
reimten Glückwünschungs-Schrifft auff die Geßner-und Crusische Hochzeit in Schweidnitz ausgeschüttet und über dieses darinnen etliche ansehnli-
che und gelehrte Männer so Bauren-mäßig herum genommen, daß ich mich
nur wundern muß wie die Gedult so wackerer Leute einem solchen verwe-
genen Stümper in die Länge nachsehen kan. Feder-Kriege bringen sonst
einen schlechten Triumph und wer von seinem Bekehrungs-Amte die Besserung der Gemüther hoffen will, der darff vor wahr keinen Satyr zum Apo-
stel machen. Aber da an diesem unverschämten Tadler bereits Hopffen
und Maltz verlohren ist und keine Aenderung oder Wiederruff seiner gifti-
gen Feder zu erwarten stehet, so ist man gehalten dem Narren, damit er sich
nicht klug düncke auff seine Narrheit zu antworten. Ich sehe es zum voraus daß viel Mißgünstige seine Parthey schützen und über diese abgezwun-
gene Rache-Zetter und Mordio schreyen werden, da ich ohne dem dazu ver-
sehen bin, daß ich in ihren Rath kommen, und in ihren Mäulern ein Mähr-
gen werden müßen. Ich gestehe hier so öffentlich als auffrichtig, daß bißher
eine meinem Alter nicht ungemeine Nachläßigkeit, und einige der so genan-
ten Aufführung anhängende Schwachheiten dazu Gelegenheit gegeben,
und mein eignes Glücke, daß mir die zum Studieren gehörigen Mittel vorher von Geburt versaget, um ein ziemliches auffgehalten; bin mir aber
nicht bewust mit was vor Boßheit oder Lastern ich verdienet, daß ihm so
viel neidische Hände noch mehr Verhinderungs-Steine in den Weg werffen, und meinen Nahmen überall zu verkleinern suchen; ungeachtet das
heimlich bellende Gewissen manche Person solches Gelichters bey diesen
Worten überführen muß, daß ihr Beyspiel das abscheulichste Gelächter
machen würde, wenn ich entweder mit dem Griffel des Römischen Petro-
nius ihren Abriß schildern, oder dem Aristophanes die Geissel abborgen,
und damit ihre nackte Schande auff dem Schau-Platze der Ehrbaren
Welt herum tummeln wolte. So geht es : quanto perditior quis-
que est tanto acrius urget. und der eigne Balcken verhindert die wenigsten den Splitter ihres Neben-Christen zu übersehen. Jedoch da der

)(2   Abend

Crispin-Satire, S. 3
Vorwort, Z. 25–58

Abend aller Tage noch nicht vor der Thüre stehet, und noch ein Allmächti-
ger lebet der dergleichen Spöttern die Herrschafft der Welt wohl nicht an-
vertrauen dürffte, so fürchte ich mich so wenig für ihnen, als vor dem Uber-
falle der Africanischen See-Räuber. Meinen bißherigen Fehlern bin ich
unterdessen nicht schlechtern Danck schuldig als meinen Verfolgern, sinte-
mal ich die ersten vor meine getreuesten Lehrmeister erkenne, die andern aber
versichern kan, daß alle Donner-Wetter ihrer verläumderischen Zungen
nichts mehr ausrichten, als daß sie mein Gemüthe von der allgemeinen
Schlaffsucht der Unwissenheit auffwecken. Sie feuren durch den Blitz
ihrer Drohungen meinen Fleiß um desto stärcker an, die Ubung der Kräffte des Verstandes eiffriger fortzusetzen; da mein Vorsatz GOtt und dem
Nächsten dermahleins zu dienen, die Erkänntnüß der Wahrheit, und den Gebrauch einer vortheilhafftigen Klugheit, vor die-
jenigen Mittel hält dadurch wir Sterblichen die uns so kärglich
zugezehlten Lebens-Jahre mit einer vollkommenen Glückseeligkeit
verlängern. Es giebt noch hin und wieder unter der Menge so vieler Thoren rechtschaffene und verständige Leute, die in Beurtheilung der
Sachen die Vernunfft zu Rathe ziehen, und gar leicht einen Unterscheid
machen werden, wenn und unter was vor Umständen es zugelassen sey, dergleichen einfältige Klüglinge, als sich der Crispinus bißhero aufgeführet,
mit einer papiernen Maulschelle abzuweisen. Der bescheidne Leser entschuldige die noch etwas harte Sprache meiner in der Wiege liegenden Poesie
und besinne sich, daß Rom nicht auff einen Tag gebauet worden. Erhält
meine Muse diß was ich ietzo hoffe, so dürffte sie bey heran wachsenden Alter sich unterstehen, die Thaten des Aller Glorwürdigsten Oesterreichischen
Helden-Hauses mit unterthänigsten Lippen anzustimmen, und wohl endlich mit der Gnade des Allerhöchsten gar versuchen, ob es denn eine ausge-
machte Unmöglichkeit sey, die Gesetze der Natur, Bewegung des Himmels, und die Ordnung der Zeit denen Römern und Griechen auff einer deutschen Leyer nach zu
spielen.

◄►§ (o) §◄►

Juvenal.

Crispin-Satire, S. 4
Vorwort, Z. 59–89

Abb. 75   75

Juvenal. Sat. IV. v. 1—3.

ECce iterum Crispinus, & est mihi sæpe vocandus
Ad partes monstrum nulla virtute redemptum
A vitiis æger *Linguæ que* libididine fortis.

TArtuffe, Thrax a) Gargil b) und wer ihr alle seyd!
Die ihr am Helicon als Thorheits-Märtrer leidet,
Die ihr biß diesen Tag zum Theil auf Hecheln schreyt,
Zum Theil wie Marsyas das nackte Fleisch entkleidet.
Seyd froh, nunmehr erscheint das Ziel erlidner Schmach,
Die Blöße des Crispins c) bemäntelt eure Schande,
Machts Platz, er nimmt den Rang;   der Schaum von eurer
                    Bande
Geht ihm so klein er ist an grober Boßheit nach.
Jetzt habt ihr Fug und Recht die Dichter zu verklagen,
Die euch der Ewigkeit so heßlich vorgetragen;
                    A 3   Es

a) Der von dem Horatio durchgezogene großsprecherische
    Fechter.
b) Der gelehrte Menage hat unter seinen Lateinischen Gedich-
    ten eine vortrefliche und scharffe Satyre auf den unter dem
    Nahmen des Gargils verkappten Monmort.
c) Es ist solches der durch müßige Stunden bekannte Theodor
    Krause Lateinisch Crusius genannt, prætendirender Polyhistor
    in Schweidnitz, welcher in der gelehrten Welt gerne eine
    Figur machen wolte, wenn sich nur diese überreden liesse,
    daß die Minerva ihr Sinnbild auch unter einem Haasen vor-

Crispin-Satire, S. 5
Tartuffe, Thrax, Gargil, und wer ihr alle seyd, Z. 1—10, Anm. a)-c)

Es wiederruffe nun des Moliere Geist,
Despreaux bequeme sich den Narren abzubitten,
Menage küsse den, den seine Feder beist,
Es werd' Eutrop nicht mehr vom Claudian verschnitten.
Bramarbas d) selbst verdient ein Mitleid unsrer Welt,
Und man entschuldige den armen Leporander, e)
Die Stümper überhaupt, die Spötter mit einander
Sind unter dem Crispin im kleinern vorgestellt.
Und scheinen, setzt man sie dem Pfuscher an die Seite,
So tumm so arg sie sind noch klug und fromme Leute.

Ihr

zustellen pflege; seine in der auff die Geßnerisch-Crusische
Hochzeit in Schweidnitz verfertigte Charteque mit erwiese-
ne Höfligkeit pag. 6. könte ich leichtlich mit einem arcadischen
Lese-Bengel wieder abfertigen, weñ ich mich nicht schäme-
te mit dergleichen Worten deren sich nur der Herr Polyhistor
nebst den Gassen-Jungen zu bedienen pfleget, das Papier
zu beklecken; Aber damit er sich nicht einbilden dürffe, als
wenn ich ihm was schuldig bliebe, so setze ich demjenigen
Character, den er mir an eben selbigen Orte aus des Beieri Dis-
sert. de injuriis, quo jure quaque injuria, gegeben eine vortreffliche
Stelle aus dem Plauto entgegen. Ich finde darinnen das
Contrefait des Herrn Polyhistors so vollkommen, daß ihn wohl
kein Mahler netter treffen solte, wenn ihm gleich Herr Crispins mit einer gravitätischen Polyhistor Mine zehn Stunden
gesessen. Es befindet sich aber solche Bacchid. Act. V. Scen. I.
gleich im Anfange und mag nur der Herr Crispinus dem
hier eingeführten Nicobulo getrost und ohne Furcht zu Lügen nachsprechen:

Quicunque ubique sunt, qui fuere quique futuri sunt posthac.
Stulti, stolidi, fatui, fungi, Bardi, Blenni Buccones
Solus ego omnes longe anteeo stultitia & moribus in doctis.

Dieß zieh ich in den Reim und sag es kürtzer so :
Ein Kerl in *Duodez* ein Narr in *Folio.*

d) Besiehe des Herrn Philanders von der Linde Unterredung
von der Poesie.

e) Besiehe des Herrn Amaranthes Gedichte hin und wieder.

Crispin-Satire, S. 6
Tartuffe, Thrax, Gargil, und wer ihr alle seyd, Z. 11–20, Anm. c)-e)

Abb. 77   77

Ihr Musen! ist es nicht ein unverdienter Lohn,
Den eure Mildigkeit um Haar und Scheitel windet,
So stäupt, so züchtigt mir den geilen Midas Sohn,
Biß sein vertracktes Fell die späte Reu empfindet.
Ihr seht er will mit Macht der Straffe würdig seyn,
Es klaubt sein Unverstand zur Nahrung neidscher Flammen
Hier einen Weiber-Spruch dort einen Reim zusammen,
Um den verwegnen Gifft mit Fudern auszuspeyn,
Gewährt wornach er ringt und läßt den Klügling fühlen
Daß Schweine nicht umsonst in euren Gärten wühlen.

Dir Wahrheit! eignet sich die Zuschrifft und das Lied,
Von nun an sey dein Wort die Richtschnur meiner Sayten,
Wen deine Geissel schmeißt, wem deine Gnade blüht,
Der soll durch Laster Schimpff durch Tugend Ruhm erbeuten.
Wer unverdiente lobt, der hab' am Lästern Lust,
Kein schmeichlerischer Hauch soll meinen Mund verlassen:
Man mag das Schwerdt aus Noth und nicht aus Rachgier
                                            fassen,
Wirst du mein Friedens-Schild, mein Collbert mein August
So hab ich Hülffe gnug, wenn gleich die Plauder-Käthe
Dem schwärmenden Crispin gemünzten Vorschub thäte:

Das Kind der Finsterniß, die wilde Barbarey
Er sah ihr altes Reich in der Elyser Gräntzen
Sie sah' es und erschrack, und schalt, und sann dabey
Auff Mittel und Gewalt die Risse zu ergäntzen.
Ihr Herold machte Lerm und rieff die schwartze Schaar
Der Glieder ihres Staats in ein geheimes Zimmer,
Das auff der Riesen-Höh mit anderthalbem Schimmer
(So geitzig ist die Noth) genug zu frieden war:
So bald nur der Befehl der Lufft verkündigt worden,
Bewegte sich ein Schwarm von Süden, West und Norden.

Die Thorheit hat den Staar, doch tappte sie voran
Es musten sie ein Greiß und sieben Kinder leiten,
Der Schein hieng Masquen vor, die Hoffart tratt die Bahn,
Ihr Steiff-Rock wolte sich wie das Gemüthe breiten.
                                                    Die

Crispin-Satire, S. 7
Tartuffe, Thrax, Gargil, und wer ihr alle seyd, Z. 21–54

Die Zwytracht zanckt' und biß fast durch den gantzen Weg,
Die Post der Eyfersucht bekam Medeens Wagen,
Die Wollust war bequem und ließ sich rücklings tragen,
Die nasse Truncken heit verfehlte stets den Steg,
Die Faulheit hielt es nicht mit dem geschwinden Volcke
Und zog so endlich als eine trübe Wolcke.

Der nur mit Schwam und Mooß ringsum spalirte Saal
Ließ die versammleten auff Rasen niedersitzen.
Das Erdreich zitterte von der verdammten Zahl,
Als hätt es gleichsam Lust den Boden auffzuschlitzen.
Zu oberst dehnte sich das obgemeldte Weib,
Die Feindin freyer Kunst der Haß der Castalinnen.
Vom Auge sah man Schmeer an statt der Thränen rinnen,
Die Nattern züngelten um den bewundnen Leib,
Der Umhang ihrer Pracht war Purpur aus Matratzen
Und dessen Uberschlag ein Hermelin von Katzen.

Kaum daß der weite Schlund das erste Wort gebahr,
(Es sagte Müh genug den Gram heraus zu würgen)
So nahms der Oder-Strom in seinen Hölen wahr,
Und der Sudeten Klufft erzehlt es den Gebürgen:
Die Laster sperrten Maul und Naas' und Ohren auff,
Und machten Augenblicks die fürchterlichste Stille.
Wie, wenn der Wasser-GOtt und sein erzürnter Wille
Den Wellen Trutz gebeut, und den verwirrten Lauff
In Ruh und Ordnung bringt, das müde Brausen schweiget
Und der bedrohte Nord in seine Fässer steiget.

Ach! Liebste, schafft doch Rath! es ist um uns gethan.
So schrie das Ungeheur mit untermengtem Kichen,
Die Faust der Wissenschafft durchlöchert unsre Bahn
Und zwingt mich überall den Musen auszuweichen.
Der Wachsthum ihres Ruhms macht daß mein Ansehn fällt,
Die Länder wickeln sich aus unsern finstern Ketten,
Die sie wahrhafftig noch an den Gemüthern hätten,
Wenn mir die Klugheit nicht viel Sclaven abgelockt;

                                              Dis

Crispin-Satire, S. 8
Tartuffe, Thrax, Gargil, und wer ihr alle seyd, Z. 55–88

Abb. 79

79

Dis dis verschmitzte Weib betriegt mich um die Crone,
Und was sie mir noch läst, das ist der Fall vom Throne.
  Mein Eingeweyde brennt, der Schmertz zerfrist das Marck,
Wenn ich den niedern Theil von Schlesien erwege,
Ihr Unkraut wuchert hier so häuffig und so starck
Daß ich Gedult und Lust, und Hoffnung niederlege.
Die Frau Pedanterey, als unsre Schwägerin,
Ist so vermögend nicht den Jammer zu erzehlen,
Daß Tugend und Verstand ihr altes Erb-Recht quälen,
Sie schnaubt, sie fährt mich an, daß ich so schläffrig bin
Und nicht mit gantzer Macht, und nicht mit vollem Heere
Den Einbruch der Gefahr in dieser Gegend wehre.
  Ja sagte sie nur wie: vermöcht es diese Faust,
Was gilts es solte sich das Blat in kurtzem wenden,
Ich dächt es wäre klar, wie ich vor dem gehaußt,
Laßt euch nur Griechen-Land ein schrifftlich Zeugniß senden.
Hier ist ein andres Werck und eine stärckre Macht,
Der König über uns hat hier die Hand im Spiele,
Ihr seht sie freylich nicht, genug daß ich sie fühle,
Wer weiß wie bald der Schlag zum letzten mahle kracht,
Da die Gelehrsamkeit und tausend beßre Sitten
Den unsrigen bereits den Freyheits-Huth beschnitten.
  Die Partzen haben uns den Untergang versehn,
Es sey nun wie es sey, das letzte steht zu wagen
Man strebe weil man kan, bißweilen ists geschehn,
Daß sich die Raserey im Engen durchgeschlagen.
Was Kleinmuth fahren läst das holt gar offt der Grimm
Schlägts jatzur lincken fehl, so wüthe man zur Rechten,
Mein Arm, so dürr er scheint, hat auch noch Blut zum fechten,
Courage! treues Volck! erboße dich und nimm
Mein Beyspiel in das Hertz; der Eiffer schmiedet Waffen:
Die Götter müssen wohl die Herrschafft wieder schaffen.
  Es schloß ihr Zorn den Mund ihr Schwur den Daumen zu,
Die Stimmen murmelten wie siedend heisse Töpffe
                          B   Und

Crispin-Satire, S. 9
Tartuffe, Thrax, Gargil, und wer ihr alle seyd, Z. 89–122

Und wurden selbst nicht eins womit man besser thu,
So gehts ein eintz'ger Huth bedeckt kein Dutzend Köpffe.
Nur die Verwegenheit griff nach dem Degen loß
Und rieff im Weitergehn: das hatt ich längst beschlossen,
Wir wissen Furien ich meine Bundsgenossen,
Folgt mir und meiner Faust, ihr ist kein Sturm zu groß;
Ein jedes Element wird, wollen wir uns rächen,
Mit GOtt und der Natur den alten Frieden brechen.

 Das rieth ich eben nicht, so fiel die Arglist ein,
Denn so verschütten wir das Kind mit samt dem Bade;
Ein Pulver wieder Gifft muß gleichwohl sicher seyn,
Damit der Artzt nicht mehr als Brand und Fieber schade.
Kennt ihr den Riesen wohl, der dort den Etna trägt
Wo nicht, erinnert euch warum Lycaon heule,
Auch Pallas prahlt und gläntzt mit einem Donner-Keile, f
Der wie des Jupiters das Feuer dreyfach schlägt.
Gewalt thut höhern nichts. Wer zwingt uns zu erfahren
Wie starck die Himmlischen an Titans Enckeln waren.

 Verfolgung bessert nur die traumende Vernunfft,
Erweckt den kalten Fleiß und mehrt der Weisen Menge,
Wir schwächen, gebt nur acht, die Anzahl eigner Zunfft
Denn die Belagerung macht keinen Pindus enge.
Der offenbahre Neid verkehre sich in List,
Der stürmende Beschluß in ein gelindres Mittel;
Vielleicht erhält man mehr wenn der Gelehrten Tittel
An einem, der nichts kan, des Ordens Schandfleck ist,
Es dürfft ein tummer Kopff den schlecht bestellten Sachen
Vor unsern Trost gar bald ein beßres Ansehn machen.

 Der Momus wurd' einmahl, man meynt es sey geschehn
Da Zeus den Thron bestieg, zu des Prometheus Affen,
und wolte, weil er ihm ein Vortheil abgesehn,

           (Was

f Martianus Capella in Geomet. von der Pallas:
  Vel tibi quod fulget rapiturque Triangulus ignis

Abb. 81   81

(Was thut der Vorwitz nicht) ein Menschen-Bild erschaffen,
Nun traff sichs ohngefehr daß er zur Eris kam,
Die ihr Geburths-Fest hielt und mit den Lastern zechte;
Das Vivat gieng herum biß man den Magen schwächte,
Von dem ein halbes Faß die Ladung wieder nahm.
Hier sprützten Jäscht und Schleim dem Momus in die Hände,
Der froh und freudig ward, daß er den Cörper fände.

Er trieb den rohen Zeug in förmliche Gestalt,
Und sieh es wurd ein Kind von höhnischen Geberden;
Die Gäste sprungen zu und wünschten alsobald:
Du solt, o kleiner Schatz! den Müttern ähnlich werden.
Der Kummer fiel nur vor es war kein Leben da,
Die Eris windelt es in ein beschwitztes Küssen,
Das man den Sterbenden vom Nacken weggerissen
Beschrieb den Zauber-Kränß, worein sie rücklings sah;
Ein stummes Abra warff und sechs mahl Bonus-Dießte,
Biß die beseelte Frucht der Hex entgegen nießte.

Es blieb in ihrer Zucht und zeigte Fähigkeit
Die Lehren, so sie gab, biß auff den Grund zu fassen.
Was dünckt euch insgesammt, bey so bedrängter Zeit?
Es solte sich von uns gar wohl gebrauchen lassen.
Der Knabe faßt sich gut, es ist nur halbe Müh,
Und kostet kurtzen Fleiß ihn völlig abzurichten..
Man übe seinen Kopff in Clausens Lust-Geschichten,
Damit der Narrheits-Trieb in das Gehirne zieh,
Er kan am Helicon mit Boßheit, Zung und Schrifften
Mehr Unheil, mehr Verdruß, als zehn Tyrannen stifften.

Ey lieber geht doch gleich, und bringt ihn eilends her,
Geht, rieff die die Barbarey; wir müssen emsig wachen,
Man gieng, er kam, sie sprach: O wer doch jünger wär
Was vor ein hüdsches Paar würd' unsre Heyrath machen?
O du mein Augentrost! O: seht das liebe Lamm
Seht, Schwestern, seht und sagt, ists nicht ein feiner Junge?
Doch halt! wie stehtes wohl um deine glatte Zunge?

                              B 2   Sperr

Crispin-Satire, S. 11
Tartuffe, Thrax, Gargil, und wer ihr alle seyd, Z. 154–187

Sperr auff, mein Sohn! sperr auff. Guth! der Verleum-
dungs-Stamm
Sieht recht vortrefflich aus. Die Mißgunst soll ihn nützen
Und wieder alle Welt die schärffsten Pfeile schnitzen.
   Nun höre doch mein Sohn! gefällt es dir bey mir?
Von Hertzen schöne Frau; Begehrst du treu zu dienen?
So lang ich lügen kan. Nun wohl; ich seh an dir
Die Einfalt in der That, die Frechheit aus den Mienen.
Du wirst ein Mann vor mich und wieder alles das
Was Recht und Wahrheit liebt, viel Feder-Kriege führen;
Zeuch aus, mein Lügen-Geist soll deinen Trieb regieren,
Fall allen in das Haar, begeiffre den Parnaß,
Ficht seine Priester an, verschmäh die Leyer-Schwestern
Und schone keinen Knecht des Höchsten zu verlästern.

   Die Dirnen! so du siehst und hier zugegen hast,
Sind willig und gelehrt den Handgriff anzugeben;
Thut, Schwestern! euer Amt, die Zeit wird leicht verpaßt,
Die Jugend ist ein Wachs, sie läßt die Lehren kleben.
Die Hoffart nahm das Wort, so wie des Knabens-Hand
Und haucht' ihm ihren Wind durch Nase, Maul und Ohren,
Sie sprach: berede dich, es sey kein Mensch gebohren,
Der mehr als du versteh, der mehr als du erkandt;
Ersauff in meiner Brunst; verachte deines gleichen;
Und untersteh dich nicht, den besten auszuweichen.

   Die Thorheit folgte nach, und riß den Weißheits-Zahn
Mit Strumpff und Stiel heraus und sagte sey verdorben;
Stell' alles was du thust nach meinen Krebsen an,
Ich habe mir dein Hertz zum steten Sitz erworben.
Geuß jeden Funcken ans, der etwan deiner Brust,
So schwach er immer glimmt, ein Licht entzünden möchte,
Und wenn du freyen wilt, so frey in mein Geschlechte,
Hab' einzig und allein an eignen Wercken Lust;
Versäume die Vernunfft mit niederträchtgem Wißen
Und sey biß in das Grab auff keinen Zweck beflissen.

                                           Sie

Crispin-Satire, S. 12
Tartuffe, Thrax, Gargil, und wer ihr alle seyd, Z. 188–220

Abb. 83 83

Sie ließ ihn weiter fort, da wickelte der Schein
Das Vor-Tuch von der Schooß, durchsuchte Schlitz und Zicke
Zog Gips und Talch heraus uud strich sein Antlitz ein
Und laß die Predigt her: Verheele ja die Tücke;
Beschnelle wen du kanst mit einer frommen Art,
Nimm von der Heucheley der Pharisäer Schmincke
Daß auch kein Argus seh daß deine Klugheit hincke,
Durch Blendwerck und Betrug wird manche Röth' erspart
Lern alles oben hin, und laß von jung und Alten
Den Fürniß deines Koths vor reines Gold-Ertz halten.

Der Zuspruch kam herum, und die Verwegenheit
Versteinert ihm zuletzt die unverschämte Stirne,
Sie rieth ihm: scheue nichts, wie sehr die Ehrfurcht dräut
Steh als ein Götzen-Bild, damit man ärger zürne.
Halt Ehr und Schande gleich, verfolg und schone nicht,
Gieb grosse Dinge vor, belauscht man deine Blösse
So schlag' es in den Wind, verdaue Straff und Stösse
Und lecke wieder das was dein Gewissen sticht;
Gieb keinem Thraso nach, verschwöre Treu und Friede,
Wer mit den Sünden trutzt, der macht die Rache müde.

Crispin war zugestutzt; die frohe Barbarey
Bekräfftigte das Werck mit dem verfluchten Seegen:
Geh, lebe, wachs und blüh, Krafft unsrer Tyranney
Vollführe diesen Bau, dem wir den Grund-Stein legen,
Beweise dein Geschlecht, erbittre, spotte lschreib
Was die Gemüther kränckt, damits die Jugend lerne
Und sich auff deinen Zug der Gründlichkeit entferne;
Den Lohn versprech' ich dir: ein jedes Herings-Weib
soll dein gelehrtes Buch vor hundert Augen bringen,
Und Fama dessen Lob auff mancher Bier-Banck singen.

Die drauff erfolgte Zeit bewieß es allzusehr,
Wie gut das Tadel-Kind die Lehren eingesogen,
Er übertraff sie weit und that schon zehnmahl mehr
Eh ihm das Milch-Haar noch das grüne Maul bezogen.

B 3   Es

Crispin-Satire, S. 13
Tartuffe, Thrax, Gargil, und wer ihr alle seyd, Z. 221–254

Es flog sein Aberwitz so wie ein nackter Specht,
Dem Schwantz und Flügel fielt, sein zeitig aus dem Neste,
Ja, redt' er mit sich selbst, dein Ruhm steht doch nicht feste,
Biß der gespitzte Kiel den Neben-Christen schwächt,
Ich muß von ietzund an, man weiß wie kurtz wir leben,
Ein Zeugniß meines Stamms und des Gehorsams geben.
    O unglückseelger Mensch! der sein vernünfftiges Pfund,
Mit dem er wuchern soll, auff solchen Wechsel leget;
Er tritt schon zum voraus mit der Gefahr in Bund,
Die ihr versprochnes Ziel nicht zu versäumen pfleget.
Er stößt den weisen Stein mit blindem Fusse fort,
Sucht durch Gedächtniß-Werck sein höchstes Guth in Schaa-
        len,
Und ahmt den Wilden nach, die Gold vor Puppen zahlen,
Erhebt sich denn ein Sturm, so weiß er keinen Port
Und kreucht in Noth und Angst, so wie in Rock und Hemde
Den wird die Seelen=Ruh in seinen Gräntzen fremde.
    Es dräng uns Feind und Neid, man sey verhaßt verjagt
Und von der Scheitel an biß auff den Fuß geschlagen,
Ein Geist, der Weißheit liebt, wird, wenn das Fleisch verzagt,
Ein Eden in der Brust, sein Glück im Willen tragen.
Er läst den Spöttern gern den Ruhm der Eitelkeit,
Der Finger der Natur entschleust ihm reichre Schätze,
Zeigt ihm die Folgerung der ewigen Gesetze,
Und waffnet ihm den Muth mit der Zufriedenheit.
Daher entstehtz in ihn wenn Krafft und Blut verrauschen
Kein wiederwärtger Gram die Erde zu vertauschen.
    Bedächte diß das Volck, so noch im Finstern irrt,
Wie ernstlich würd' es sich aus dem Verderben reissen,
So aber laufft es blind wenn Geitz und Hochmuth kirrt
Und Hät de geiler Lust der Regung Körner schmeissen.
Es zehlt nicht was es hat, es wünscht nur was ihm fehlt,
Verschiebt die Besserung von einer Zeit zur andern;

                              Läst

Crispin-Satire, S. 14
Tartuffe, Thrax, Gargil, und wer ihr alle seyd, Z. 255–286

Abb. 85   85

Läst die Gelegenheit mit sammt der Stinre wandern,
Sieht nur was heut' ergötzt und nicht was Morgen qvält/
Es träumt so lang es lebt und muß mit wenig Jahren
Und mit dem lieben Vieh in eine Grube fahren.
    Crispin ergab sich ietzt der Polyhistorie,
Zog Schwänck' und Märchen ein, die Jung und Mägde
                          brachten
Und ward vor Freuden kranck wenn etwann der und die
Vom Pöbel über ihn und sein Gemächte lachten.
Er laß und überlaß, was er mit Angst geschmiert,
Er sprach sich prächtig aus wenn Preß und Druck vergonnte
Daß er sein Anfangs C im Nahmen lesen konte,
Den er beym Schlaffen gehn aus Liebe buchstabiert;
Nun wird man dacht er offt in allen Bücher-Sälen
Auch deinen Müßiggang zur klügsten Arbeit zehlen.
    Hier liegt Sarckmasius, g) man koste nur die Brüh,
Die unser Sudel-Koch darüber hergegossen;
Wer ist wohl so gesund, dem sie nicht Würmer zieh?
Zumahl da fast ein Pfund von Saamen eingeflossen.
Wer sich dabey erbricht und auff den Eckel flucht,
Der spühle nur den Mund aus seiner Priester-Quelle h)
Diß Werckgen, sehts doch an, vertritt des Glases Stelle,
Wenn sich die Einfalt putzt und zu bespiegeln sucht;

                                                             wer

g) Wer sich von dem judicio des Herrn Krausens einen voll-
ständigen Begriff machen will der besehe nur saubere edition
von den Sarcmasianis, er wird wahrhafftig schlüssen, daß es
in seinem Gehirne so ordentlich aussehn müste als um den
Thurm zu Babel, da die Arbeiter und Handlanger sich um
ihre vermengte Säcke schlugen. Die recension der klugen
Arbeit kan man im ersten Theil des Bücher-Saals finden.
h) Dieses sollen Lebens-Beschreibungen etlicher Evangeli-
scher Theologorum seyn, aber das Verdienst der wackern
Leute ist auch erst nach ihrem Tode unter den Händen eines
solchen Stümpers zum Märtyrer worden.

Crispin-Satire, S. 15
Tartuffe, Thrax, Gargil, und wer ihr alle seyd, Z. 287–308, Anm. g)-h)

Wer aber glaubte wohl das solche Schmiererey,
Sich mit der Ewigkeit noch zu vermählen dächte?
Wenn nicht der Stümper selbst so prahlerisch und so frey
Den abgeschmackten Satz vor das Gesichte brächte.
Ich und mein Müßiggang, ihr seyd ein braves Paar,i)
Wir, schreibt er, eilen nicht zu dem Vergessungs-
                    Grabe.
Gar recht, Crispin! gar recht, wo ich zu bitten habe,
So mach' Apollo dir den stolzen Vortrag wahr,
Und lasse, weil wir auch an Eulenspiegeln dencken,
Dich durch diß Ehrenlied der letzten Nachwelt schencken.
   Die Lufft ernährt kein Thier, das mehr Gelächter zeugt,
Als wo der Hochmuths-Geist in Haasen-Cörper fähret;
Da renckt sich Lend und Steuß da wird kein Knie gebeugt
Ob ihn der Nachbar schon mit Höflichkeit beschweret;
Die Gassen sind zu schmahl, das Pflaster fühlt den Schritt,
Es wächst der Bauch heraus als wolt er früher kommen,
Des Landmanns guter Tag wird nicht in acht genommen,
Denn der gelehrte Mann hat Sinn und Ohr nicht mit
Weil er das Buch so gar zur Brandtwein Schule führet
Und über Stock und Stein die Strassen durch studieret,
   Blieb er ein Narr vor sich so möcht es noch geschehen,
Was uns nicht Blasen macht, das kan ein andrer löschen,
Geht hin; Ihr werdet ihn in Wochen-Stuben sehn
Nur schade daß dadurch viel theure Männer leiden
Da wir vor ihr Verdienst so grobe Federn schneiden.
Da kützelt er sein Ohr mit richtenden Gewäschen

                                        Von

i) Dieses sind seine eigene Worte in der Charteqveauff die Crusische Hochzeit pag. 6. Ich gratulire dem Herrn Polyhistor zu
seiner Unsterbligkeit aber noch mehr unsern Nachkommen
die zum wenigsten durch die Erzehlungen seiner närrischen
Possen einTheil der Lust geniessen die seine itzt lebende Person der heutigen Welt durch seine gelehrte Windmache-
reyen und thörichte Polyhistor-Streiche verursachet.

Crispin-Satire, S. 16
Tartuffe, Thrax, Gargil, und wer ihr alle seyd, Z. 311–333, 309–310, 334, Anm. i)

Abb. 87   87

Von daraus rennt er flugs die halbe Stadt herum,
Trägt Schwachheits-Mängel aus und bringt sie zu Papiere,
Als wär es ein Verlust wenn ieder nicht erführe:
Lispillens rechter Fuß sey von der Liebe krumm,
Amandens lincke Brust vertrage Biß' und Zeichen
Und Blanca lasse sich die Flasch'ins Bette reichen.

Da klatscht da kümmert sich das alte Tröddel-Weib
In ieder Rocken-Zunfft um alle Spindel-Grillen,
Da sucht er unter Lichts der Köchin Zeit-Vertreib,
Da holt er Ilsen aus da forscht er von Sybillen:
Warum ihr guter Mann gedultig schlaffen geh,
Wie viel Mirmallens Latz, Celindens Hochzeit koste,
Wovon der Chloris Zahn Amornens Liebe roste,
Wie hoch Silvonien ihr Leib-Gedinge steh,
Wie offt sich Frau und Mensch bey dem Begräbniß rauffen
Und Fritz und Florida nach Finger-Walde lauffen

Den Lehrern mußt er auff was kaum zu ändern steht
Und was das Glück auch wohl dem Fleißigsten versaget;
Fällt ja die Menschligkeit so wird ein Creutz erhöht,
An dem das Lästrers Maul das Ohr der Unschuld plaget.
Mit Schülern fängt er schon den Zanck in Schrifften an,
Als hätt'er nie gehört: aus Schnaten werden Bäume.
Bald jagt er die Gedult mit einem Knüttelreime,
Bald kehrt der Blaustrumpff um und wird ein Wetterhahn,
Da soll hernach das Lob des klugen Masorethen
Den dem Porphyr zuvor gegebnen Stich verlöthen. k)
                    C   Wie

k) In seiner oben angeführten Priester-Quelle hat er bald am
   Anfange einen gelehrten Schlesischen Philologum in græcis
   und Ebraicis mit seiner zukünfftigen edition des Porphyrii ge-
   schoren, itzo aber, da er dessen Freundschafft benöthiget ist,
   schmeichelt er ihm in der Crusischen Gratulation unter der
   Person des Masorethen. Obgleich die Gelehrsamkeit dieses Mannes schon von solchem Werthe, daß sie von des
   Stümpers unverschämten Feder weder gelobet noch ge-
   scholten werden kan.

Crispin-Satire, S. 17
Tartuffe, Thrax, Gargil, und wer ihr alle seyd, Z. 335–360, Anm. k)

Wie schlecht versiehst du dich geblendeter Crispin?l)
Purgire dich doch selbst alsdenn gib andern Pillen,
Wer als ein Gerber-Schwein der Mädgen Schooß •••,
Der wird die Trunckenheit mit keiner Predigt stillen.
O kehre kehre doch vor deinen Thüren weg,
Wir dürfften etwas mehr als einen Menschen riechen,
Gedenckstu noch ans Glaß? es mag sich iezt verkriechen
Die Tasch' ist weit genug. Was, sag' es, ist dein Zweck?
Des Nächsten Beßrung? Nein; sondern dein Ergötzen
Den Leuten weh zu thun den Argwohn anzuhetzen.
    Besäh ich das von ihm geschändete Latein
Was würde Priscian vor Nasen-Stüber holen, m)
Die Pfeile, so er schießt, sind auch so gar nicht sein,
Das Unkraut pflantzt sein Fleiß, die Blumen sind gestohlen.n)
Er füllt, er stopfft, er flickt, die Schreib-Art läst so bundt
Als Florens Unter-Rock und Fickgens Sonntags-Mütze,
(Ihr Mägdgen! Eyfert nicht, hier steht die Feuer-Sprütze)
So macht sich eigner Neid durch fremde Waffen kund,
                                              Die

l) Der Herr Polyhistor mag es nur izo noch meiner unnöthigen Höfligkeit zuschreiben, daß ich ja keine weitläufftigere
Erzehlung seiner Thorheiten beyfüge. Nichtsmehr wun-
dert mich als daß er ungeachtet seiner eigenen Schwäche
die Fehler anderer auffzumutzen sich unterstehet, da ihn doch
das bekannte Sprichwort lehren solte, daß wer selbst ein
Gläsern Dach hat, auff seiner Nachbarn Häuser nicht mit
Steinen werffen dürffe.

m) En passant nur eines Herr Polyhistor wie stehts umsdas oves suas
pastus est in der Inscription auff den Seel. Schweidnitzschen
Hrn.Inspector. Ich mag nur keinenSchund-König abgeben,
sonst könte ich mit Zusammenlesung der groben Schnitzer, die in seinen müßigen Stunden alle Blätter füllen, mehr
auff den Hals laden als der Hercules ehemahls auszumisten
bekam.

n) Wenn der Herr Polyhistor keine Polyantheen Diversitees curieuses
(die er sich vorher muß exponiren lassen) Herrn Reichels
Hanß Wursten, das gelehrte Frauenzimmer-Cabinet, u.d.g.

Crispin-Satire, S. 18
Tartuffe, Thrax, Gargil, und wer ihr alle seyd, Z. 361–378, Anm. l)-n)

Abb. 89 89

So fängts die Bßheit an, sie wirbt entlehnte Kräffte
Und tadelt Sitten-Gang, Vermählung, Tracht, Geschäffte.
   Die Elster springt und hüpfft, biß ihr der Rückgrad bricht,
Es geht so lang es kan, der Frevel weiß ein Ende;
Biß hieher scheut' er noch des Phöbus Recht und Licht,
Jetzt aber fühlt auch der die ungewaschnen Hände.
Sein Griff entheiligte der Säythen reinen Klang,
Die er nach seiner Art mit grobem Finger drückte,
Und weil er sich dazu wie Kloz zur Fiedel schickte
Verdroß ihn diese Scham das niemand schlimmer sang,
Ja, da er sich aus Zorn die Nägel schon verbissen,
So wolt er Harff und Spiel durchaus zerschmettert wissen.
   Immittelst legte sich Calliope darein
Und eilte vor den Rath der groß und kleinen Götter:
Wie lange, flehre sie, soll ich um Hülffe schreyn
Errettet euch und uns von dem versognen Spötter;
Er spricht euch stündlich Hohn und wird uns noch gewiß
(Davor der Himmel sey) den kleinen Anhang rauben;
Die Furcht hat viel Beweiß; denn wollt ihr mir nicht glauben
So schickt nur den Mercur und fragt Hyopolis,
Es wird es euch ein Kind von sieben Jahren sagen,
Daß ihn die Wespen so wie er die Leute plagen.
   Es sieht vorhin um uns so schlecht und windicht aus.
Des Phöbus Ehre wanckt und steht auff schwachen Füssen;
Sophia grämt sich ab, bewohnt ein flüchtges Hauß
Und kan fast nirgends mehr der alten Ruh geniessen.
Man zehlt die Wissenschafft zur Grillenfängerey,
Die Ubung der Vernunfft wird mit Gewalt vergessen,
Man will ihr Winckelmaaß nach eignem Dunckel messen,
Man schwitzt man strebt darnach daß sie verwickelt sey.

            E 2   Man

nicht zu reichen hätte, so würde es um seine Gelehrsamkeit
sehr mißlich stehen und in seinem Kopff so aussehen, wie in
dem ersten Capitel des ersten Buchs Mosis auff der Erden.
Die menschliche Klugheit des Herrn Britaine muß seiner
Thorheit auf allen Blättern Schminck und Farbe geben rc.
Aber wir sprechen einander weiter.

Crispin-Satire, S. 19
Tartuffe, Thrax, Gargil, und wer ihr alle seyd, Z. 379–408, Anm. n)

Man tritt den wahren Kern, und sättigt sich an Schelffen
Und hälts noch wohl vor Ruhm der Warheit hinzuhelffen.
    Und steckt gleich hier und dar noch mancher edler Geist,
Der wohl den Schaden merckt und gern ein Wort verlöhre;
Der darff nicht wie er will die Thorheit stöst und beist,
Man schmälert sein Verdienst man raubt ihm Glück und Ehre
Bleib, feuriger Lucil! bleib ja in deiner Grufft
Und laß den sichern Kopff im Aschen-Napffe stecken.
Denn solte dich ein Fall in unsern Tagen wecken
Verträgst du nimmermehr die angesteckte Lufft.
Die Laster würden dir bey so verderbten Zeiten,
Thät es dein Eiffer nicht, den andern Tod bereiten.
    Wer wacker schwatzen kan, Register-Schreiber braucht,
Mit Nahmen um sich wirfft, davon die Ohren gällen,
Den unverschämten Kiel in Gall und Lügen taucht,
Zehn alte Schincken ließ! den eilfften darzustellen.
Wer, sag ich, etwan kaum ein Dutzend Drucker kennt,
Und herzuschnattern weiß, was Brown und Hobbes glaubte
Welch Weib des Isaacs Braut am Hochzeit-Abend haubte,
Wie viel Gelehrte seyn, die man Johannes nennt,
Der heist galant gelehrt; ich rede mit der Mode.
Crispin ist so ein Fisch; jedoch aus ärgrem Sode.
    Er wird in seiner Stadt wie böse Geld bekandt,
Er heist Asträens Sohn; Sie will ihn nicht 'erkennen
Und schämt sich so ein Glied, an dem der kalte Brand
Verstockter Einfalt hängt, ein Glied von ihr zu nennen.
Sie ärgert sich genug, daß er mit Latten laufft;
Erst neulich machten ihn, da er auffs Dorff gerathen,
Die Schenck' und das Gelach zum Hundstags-Advocaten.
So tieff verfällt ein Mensch der aus dem Circkel saufft.
Dis sprach Calliope und wolte mehr entdecken
Und blieb doch unverhofft in der Erzehlung stecken.
    Die Ursach war ein Trupp, den Meditrine schloß,
Sie jagte den vorher, dem wir sein Lob gesungen.

                                          Ein

Crispin-Satire, S. 20
Tartuffe, Thrax, Gargil, und wer ihr alle seyd, Z. 409–442

Abb. 91   91

Ein Satyr peitschte zu und schleppt' ihn durch den Troß,
Den die Verwunderung von weiten her gezwungen.
Hier, rieff Hygeens Zorn, kommt grosser Jupiter
Der Bruder des Suffens (der meine Prister schändet o)
Und unsre Langmuth noch auff neue Boßheit wendet;
Ach! bist du, der du bist, ein stets gerechter Herr
So laß, ich bitte kurtz den schärffsten Spruch erklingen
Und dieses Momus-Kind zu der Erkäntniß bringen.

C 3   Beklagter

o) Die Bade-Mütter müssen dem NieseweisenPolyhistor gewiß
den Topff von der Rindel-Suppe haben lecken lassen, daß
er die Parthey der bekannten Dietrichen von Ronstock wieder den berühmten Herrn D. Petermann in Leipzig so unverschämt vertheidigt, in seiner obenangeführten charteqve
auff die Ctusische Hochzeit p. 6.   Bedencke doch der Herr
Polyhistor sein bestes selber und stecke zuvor die Nase noch ein
halbes Jahr in die Grammatiqve damit er sein Corpus Juris verbaliter verstehen lerne, ehe er sich in Sachen mischt die über
den Horizont seines Verstandes sind.   Hätte er nur einmahl
ein Ding gesehen das wie eine logic aussähe so würde der
Ignorant nicht geschlossen haben: Weil der Herr Eberti (dessen beliebter Fleiß schon entschuldiget wird in dem er die
Sachen nur historice erzehlen muß,) in seinem gelehrten Frauenzimmer Cabinette setzet, daß man gesagt: die obige Dietrichin, habe Herrn D. Petermann auff den Peltz gebrannt, Ergo so ist es wahr.   Der Schluß bindet so vortreflic als dieser: zwey Gärtner Weiber von Croschwitz halten den Herrn
Polyhistor vor einen so gelehrten Mann als etwan ihren
Schulmeister/ weil sie sie beyde in einem grossen Buche lesen
sehen. Ergo ist es wahr;   Oder so: der Herr Polyhistor heißt
Hoch-Edel und ist ein Advocatus Juratus und kan mit einen vorditten Wamst in den ··· fallen ergo ist et ein guter Juriste. der
gute Herr Polyhistor kümmere sich um seine Schmierereyen
und lasse die Medicin unangepackt, will er ja mit ihren Söhnen zuthun haben, so fange er nunmehr bald eine späthe
Herbst Cur an und lasse sich bey Zeiten die Würmer vertreiben. Er scheinet ohnedem unter dem Hutte eine Maladie zu
haben die fast incurabel ist wenn er sich nur so weit, in acht

+pag. 129.

Crispin-Satire, S. 21
Tartuffe, Thrax, Gargil, und wer ihr alle seyd, Z. 443–450, Anm. o)

Beklagter wolte viel; allein der Götter-Fürst
Verschloß ihm Muth und Mund mit einem finstren Blicke;
Schweig Tadler, donnert er, denn daß du lügen wirst
Das sagt dein Angesicht, der Schauplatz stummer Tücke.
Kein Sünder deiner Art verdient den Donner-Keil,
Er streckt nur Riesen hin beschädigt keinen Haasen;
Jedoch damit du nicht vergebens Gifft geblasen
So bieth' ich dich anietzt als einen Sclaven feil,
Der ungewohnte Stand soll dir mit derben Schlägen
Das: γνῶϑι σεαυτὸν auff Haut und Schädel prägen.
   Man both den Tadler aus, kein Käuffer wolte dran;
Denn der geringste Werth schien allen noch zu theuer
Silen erbarmte sich, er stund ihn durch den Pan
Und gab vor seinen Leib zween gantze Bettel-Dreyer.
Der stets versoffne Gott bestrafft ihn recht und gut,
Und schlug ihn unverhört zu einem Sattel-Knechte,
Damit er künfftig hin sein Leib-Pferd hüten möchte,
Das viel vernünfftiger als so ein Wächter thut,
Nun kan er, ists nicht wahr? bey seinem Esels-treiben
Viel müßge Stunden sehn und faule Tage schreiben.
   Die Musen murrten noch: die Straffe sey zu leicht;
Allein der Phöbus kam, und stillte seine Töchter;
O seyd mit dem vergnügt, was euch das Urthel reicht.

                                     Man
nimm, daß sie nicht weiter ausbreche und etwan auff die
künfftigen Hundetage zu einer völligen Haupt-Kranckheit
werde. Mir hat er zum wenigsten wegen der Vorsorge seiner
Gesundheit vieles zu dancken, weil ich ihm vergangenes Jahr
durch ein gutes Vomitiv in meinem krancken Apolline zur Besserung verhelffen wolte; Die Artzney hat bey seinem Magen
so gut gewürcket daß er ziemlich garstig Zeug ausgespien.
solte der Paroxismus wiederkommen so geb ich ihm den Rath
des Satyrici: o medici mediam pertundite venam und recommendi-
re ihm aus Furcht eines zukünfftigen recidivs nebst einer guten diæt den öfftern Gebrauch des Salis Sapientiæ, das er gewiß
auf Universitäten von dem Decano in einer sehr schwachen dos
bekommen.

Abb. 93   93

Ich straff ihn noch darzu mit ewigem Gelächter,
Ist irgends wo ein Volck, das mein Altar erwärmt,
Das melde seinen Schimpff den Dichtern aller Zungen
Es schalle weit und breit: so ist es dem gelungen
Der mit der Barbarey um den Parnaß geschwärmt.
Jetzt bleibt ihm der Gewinn, daß sein Gedächtniß stincket
So lang ein Schlesier aus unsern Brunnen trincket,
 Den Trost des Delius beschloß ein Jubel-Schall,
Die Schwäne wachten auff und schlugen mit dem Flügel.
Das Echo lachte nach und der verdiente Fall
Ergötzte Thal und Hayn, bewegte Berg und Hügel.
Die frohe Castalis erfuhr den Lobgesang,
Und überstieg sich selbst und lieff vor Freuden über,
Da war kein Baum so groß, der nicht je eh je lieber,
Als wär ein Orpheus da, mit Haupt und Wurtzel sprang;
Ja das Gerüchte sagt es hätten Ast und Blätter
Die Worte nachgezischt: so geh es jedem Spötter.
 Der Pindus war erlöst. Drum saß das Jungfern-Chor
Und feyrete die Lust der angenehmen Stunde.
Calliope stand auff versucht' ihr Helden-Rohr,
Sah Schweidnitz abwerts ein und stieß aus vollem Munde:
Du mir geweyhte Stadt! erhebe doch das Haupt
Aus der mit deiner Pracht bißher vermengten Asche;
Zeuch Feuer-Kleider an, zerbrich die Thränen-Flasche,
Der Himmel hat noch mehr, als dir sein Zorn geraubt.
Besinnst du dich denn nicht das Schutt und Kohlen düngen?
Die Städte wo du weinst soll Seegens-Früchte bringen.

Dein CARL, dein Käyser lebt, dein Herr, dein
irrdscher Gott

SEIN Adler schencket dir den Fittich hoher Gnaden.
Verschmertze die Gefahr, vergiß der Feinde Spott;
Der Wucher den du hoffst, ersetzt den heissen Schaden.
Dein Theurer Schaff-Gotsch wacht, die Allmacht lasse dir
           Noch

Crispin-Satire, S. 23
Tartuffe, Thrax, Gargil, und wer ihr alle seyd, Z. 474–505

Noch unter langer Zeit Dis Auge nicht entfallen/
Es müssen Fried und Ruh in deinen Häusern schallen/
Es überkleide dich des reichsten Seegens-Zier;
So wird die Barbarey mit ihren Thorheits-Kindern
Dir nun und nimmermehr die Wissenschafft verhindern.
    Du hast/ berühmter Ort! der klügsten Väter/Rath;
Ich überlasse dich der Weißheit ihrer Sorgen.
Mich rufft/ ich hör es schon/ ich hör es in der That/
Ein Lied der Siegenden/ und ein Geschrey von Morgen/
Fort Fama! fliege mit fort fort hier gilt kein ruhn/
Fort/ laß dir beym Vulcan die Siegs-Trompete bessern/
Und ihre Lieberey in frischem Purpur wässern/
Denn dein und unser Amt bekommt gar viel zuthun/
Komm komm dem Helden nach/ er eilt mit Roß und Wagen/
Er eilt/ er steht/ er schlägt/ Triumph! wir müssens sagen.

    Aber zum Beschlusse rathe ich nunmehr dem Herrn Krausen
in allem Ernst/ er lasse hinfort die Leute zufrieden/ mische sich in
der Gelehrsamkeit in nichts/ was er nicht gründlich verstehet und
schreibe meine hierinnen/ doch ohne Verletzung der Warheit/ ge-
brauchte Schärffe seiner eignen Grobheit zu/ mit der Erinnerung
daß in der Republica litteraria keine Dictatur verbiethe die
Schnitzer solcher Gern-Gelehrten der Welt vor die Augen zu legen.   Ich werde mir zwar hinfort mit Wiederlegung seiner boßhafftigen Schmähsucht keine Stunde/
die ich nöthigern Wissenschafften schencken muß/ verderben; ist
ihm aber der Kützel noch nicht vergangen/ so sey er versichert/ daß
es mir gar nicht schwer fallen soll seine tadelsüchtige Person in
meinen Poetischen Neben-Arbeiten so durchzustriegeln/ daß er
mich alsdenn mit besserm Rechte einen Poetam larvatum nennen
kan/ weil ich einem so elenden Stümper die Larve einer eingebilde-
ten Gelehrsamkeit von dem Gesichte gezogen/ da es mir auch niemand verdencken wird/ daß ich die Lust/ die ich umsonst haben
kan und grosse Herrn bezahlen müssen/ mitnehme/ und die von
ernsthafftigen studiren mir erlaubte Zeit mit einem gelehrten Affen
verspiele. Gehet er in sich und bedenckt seine eigene Ehre so mache
ich mit diesem Blate/ der von ihm angefangenen Federt-Ratzbal-
gerey ein nachdrückliches

ENDE.

Abb. 95   95

Als der

Hoch-Edle, Hoch-Achtbare und Hochgelahrte Herr,

HERR

M. Joh. Friedrich

Freiesleben

Auf der berühmten UNIVERSItät Erfurt

Den 26. Septembr. Anno 1718.

IN DOCTOREM JURIS

promovirte,

Suchte ihre Schuldigkeit abzulegen

Dessen

Tisch-Compagnie.

A. Güntzer.

LEIPZIG,
Gedruckt bey Gottfried Rothen.

Promotionsgedicht Freiesleben vom Sept. 1718, S. 1
Vgl. Band II.1, S. 227–230

Er Menſch, das kleine Thier, verfährt offt ziem-
lich toll,
Verachtet,was er doch am höchſten ſchätzen ſoll,
Hält Vorwitz vor Verſtand, und grübelt offt
in Dingen,
Die, wo nicht Schaden thun, doch wenig Vor-
theil bringen.
Bald ſchickt er Gut und Witz aus Tiegeln in
die Lufft,
Und hetzte lieber gar den Moſes aus der Grufft,
Um, wenn er ihn gefragt, den Gold-Staub nachzubrennen.
Bald ſinnt er auf Gewalt, den Erdkreiß zu verdrehn,
Bald will er durch ein Glaß in GOttes Rath-Hauß ſehn,
Bald durch ein neues Schiff das Meer der Wolcken trennen.

Hingegen jeñen Schatz, worauf ihn die Natur
Mit tauſend Fingern weiſt, verliehrt er auf der Spur,
Die in ihm ſelber ſteckt, und, wenn er recht gedächte,
Ihn, ſonder weit zu gehn, zum wahren Glücke brächte.
Der Geitz fängt gleich das Wort, und fällt begierig ein:
Ein Schatz? Der iſt ja werth mit Müh geſucht zu ſeyn.
Ja wohl; Doch, lieber Freund, du wirſt ihn wohl nicht heben;
Es iſt kein güldnes Aaß, wobey man Tag und Nacht
Verblichen hungern ſitzt, und offt mit Prügeln wacht;
Dis meinſt du? Ja. Gefehlt; Es iſt ein freyes Leben.

Das dacht ich mir wohl bald, ſo fängt die Herrſch-Sucht an,
Dis Kleinod gläntzt und liegt auf meiner Ehren-Bahn,
Hier hat der Zwang nicht Raum, hier können meine Groſſen
Nach eigner Willführ thun, und alles nieder ſtoſſen.
O! bricht die Wolluſt aus, dein Prahlen iſt nur Wind,
Die Freyheit wohnt bey mir, es ſieht ein iedes Kind,

Promotionsgedicht Freiesleben, S. 2
Der Mensch, das kleine Thier, verfährt offt ziemlich toll, Z. 1–26

Abb. 97   97

Wie ungebunden sich mein zärtlich Volck ergetze,
Hier lebt man ohne Gram, bey Mägdgen, Spiel und Wein,
Läst GOtt den besten Mann, den Mogol Käyser seyn,
Und lacht noch ins geheim der schärffsten Straff-Gesetze.

Bethörte Dirnen schweigt! Denn eurer Thorheit Streit
Beweist schon, daß ihr tumm, und blinde Weiber seyd,
Die insgemein so schön, so klug und artig schliessen,
Daß, wenn die Wahrheit hört, Erbarmungs-Thränen fliessen.
Komm, Ehrgeitz! komm, und sieh den schönen Freyheits-Stand,
Dort hält dein hoher Knecht das Ruder in der Hand,
Womit er Saal und Reich, wie ihn die Furcht, regiret;
Komm, Wollust! sieh und sprich: Ob dis wohl Freyheit sey,
Da dort ein Zauber-Blick verbuhlter Sclaverey
Ein jung und armes Blut zur geilen Schlacht-Banck führet.

Geht erdlich alle drey, und seht auf einen Mann,
Der, was ihr fälschlich rühmt, an sich beweisen kan,
Er ist zwar nicht sobald noch überall zu finden,
Doch könnt ihr, wenn ihr sucht, euch auf die Zeichen gründen:
Sein Haupt ist eben nicht von Schul-Staub überdeckt,
Als wie ein Bücher-Wurm, der unter Moder steckt;
Im Auge kommen Ernst und Freundlichkeit zusammen,
Er will, den Kleidern nach, kein philosophisch Schwein,
Noch auch im Gegentheil ein Jungfer-Knechtgen seyn,
Und pflegt kein Mittelding an Moden zu verdammen.

Sein innerlicher Schmuck ist Redlichkeit und Kunst,
Er schnappt nicht als ein Fisch nach Hof-und Herren-Gunst,
Und, wird ihm anderseits ein Glücks-Amt aufgetragen,
So ist er nicht zu grob, den Vortheil auszuschlagen.
Sein Hertz, der Innbegriff der Wunder dieser Welt,
Beherrscht Verdruß, Gefahr, Stand, Schrecken, Stoltz und Geld,
Dringt allzeit auf Beweiß, und läst den Pöbel glauben,
Geht stets der Wahrheit nach, verheelt und sagt sie frey,
Nachdem er selbst ermißt, wie weit sie nützlich sey,
Und will sich selber nichts, aus Eigensinn, erlauben.

Er giebt sich selbst Befehl, und hat auch in der That
Kein Wesen über sich, als GOttes Führungs-Rath,
Gehorcht und folgt er ja den Fürsten dieser Erden,
So lehrt die Klugheit ihn zum Schein gehorsam werden.
Er nimmt Begierd und Lust und Eyfer in Verhafft,
Es zinßt ihm die Natur der Sachen Wissenschafft,
Er thut nur, was er will, denn er kan doch nichts wollen,
Als was Vernunfft und Zeit und Ort und Stand befiehlt;
Das Glücke, welches sonst bey allen Meister spielt,
Muß, ras't es noch so sehr, ihm doch Vergnügung zollen.

Promotionsgedicht Freiesleben, S. 3
Der Mensch, das kleine Thier, verfährt offt ziemlich toll, Z. 27–70

Wo, fragt man, hat er nun dergleichen Frey-Brief her?
Er kaufft ihn nicht vor Blut; Er zieht nicht über Meer,
Und darff ihn auch nicht erst mit abgerißnen Sohlen
Vom stoltzen Vatican noch auch von Wetzlar holen.
Die Weißheit siegelt ihn, den Kindern edler Art,
Die weder Kopff, noch Zeit, noch Schweiß, noch Oel gespart,
Ihr angebohrnes Pfund mit Wucher zu verhandeln,
Und die nicht, wie man offt in unsern Tagen sieht,
Ein Irr-Stern falscher Kunst von jenem Lichte zieht,
Das allen glücklich scheint, die nach der Wahrheit wandeln.

Dis ist, **Hoch-Edler Freund!** was Dich vor vielen
schmückt.
So schwer Dein Nahme sich in diese Reime schickt,
So ähnlich mahlt er uns ein Bild gelehrter Gaben,
Die auch in Deiner Brust den Lohn der Freyheit haben.
Dein grün und weises Lob wird, weil die Linden-Stadt
Noch einen Lorber-Zweig auf ihrem Pindus hat,
Dich, als den rechten Sohn der Weißheit crönen lassen.
Denn was Beredsamkeit, Fleiß, Einsehn, Geist und Krafft
Bey Männern deutscher Lufft vor Ehr und Anlehn schafft,
Das kan auch Dein Verdienst in seinen Circul fassen.

Dis sieht Asträa wohl, drum wird ihr Priester-Kleid
Auf Erfurts Helicon mit Seegen eingeweyht,
Und, weil doch Licht und Recht ein freyes Hertz verlangen,
Dir unter Freud und Ruhm und Opffer aufgehangen.
Wir sehn Dich in der Tracht mit frohem Minen an,
Als Aaron, da sein Sohn den Leib-Rock umgethan,
Und wollen Deiner Gunst zuerst Clienten bringen,
Es sind, beschütze sie, die Hertzen reiner Treu,
Die, lebst Du gleich nach Wunsch an Glück und Nahmen frey,
Dich dennoch an das Land ergebner Freundschafft schlingen.

Promotionsgedicht Freiesleben, S. 4
Der Mensch, das kleine Thier, verfährt offt ziemlich toll, Z. 71–100

Abb. 99 99

Zu dem
Den 4. October 1718. in Erfurt
glücklich gefeyreten
Ziegler-
und
Riedelischen
Vermählungs-Feste
Brachte mit diesem Blatte
Seine Ergebenheit
Des Herrn Bräutigams
Verbundenster Vetter
Georg Heinrich Weiß, Med. C.

Hochzeitsgedicht Ziegler/Riedel vom Okt. 1718, S. 1
Vgl. Band II.1, S. 406–408

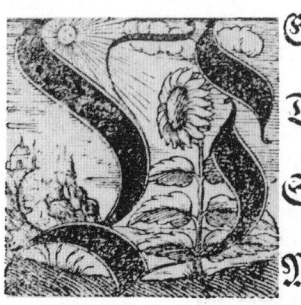 Erwandter Bräutigam! ich
komme doppelt an,
Denn mag ein lieber Gaft ein
Gäftgen mit fich bringen
So darff auch, da du mir die
Freude kund gethan,
Mein Phöbus, ungerufft, zu
deinem Fefte fpringen.

Nur bitt ich fieh nicht fcheel und ftoß ihn nicht hinaus,
Weil irgend Mod und Pracht ihm nicht das Kleid
verbrämen.
Es ift zwar fchlecht doch rein und hat fich nicht zu-
fchämen
Obgleich fein Zeug, diß Blat, nicht wie ein Blumen-
Strauß   (Spitzen
Von hundert Farben fpielt und weder Gold noch
Noch Franckreichs Schnitt und Stáat auff Bruft
und Falten fitzen.

❀ ❀ ❀

Er kömmt auff gerne fehn und nicht wie mancher
Schwarm,   (holen;
Den Geitz und Hunger treibt, ein fettes Maul zu
Man weiß wohl wie es geht, die Supp' ift offt kaum
warm   (len.
So fchmiert fchon der Poet die Gurgel und die Soo-
Er tritt auch etwan nicht als Pickelhäring ein,
Und mag nicht geil und grob und tolle Poffen reiffen,
Worauff fich unter uns nur meiftens die befleiffen,
Die an dem Helicon den Gänfen Futter ftreun,
Und weil fie von Natur nichts klug und hohes
dichten,
Wohl eher den Catull auff Priefter Liebe richten.

Hochzeitsgedicht Ziegler/Riedel, S. 2
Verwandter Bräutigam! ich komme doppelt an, Z. 1–20

Abb. 101   IOI

Mein Phöbus, wie gesagt, kömt viererley zu thun
Zum ersten will er sich so wundern als ergötzen,
Daß deine Glieder itzt auf süssen Federn ruhn,
Die Schmertz und Leid nicht mehr mit Jamer-Was-
ser netzen.
O rufft er freudig aus: Vergnügter Unbestand.
Wenn Angst dem Lachen weicht, der Stern die Nacht
verkläret,
Und keusche Liebes-Glut der Thränen-Fluth verzeh-
ret,
Die nechst des Wittwers Leid, aus Flor und Tüchern
wand.
Hier kan nun Aarons-Stab zum schönsten Muster
dienen,
Denn eine Braut-Nacht läst verdorrte Myrrthen
grünen.

● ● ●

Zum andern merckt sein Blick die wohlgebohrne
Braut,
Und zehlt und mißt an ihr so Leib als Seelen-Gaben
Er zehlt und kommt nicht fort, weil Antlitz Aug' und
Haut   (ben:
An Tugend Uberfluß, an Schönheit Reichthum ha-
So fängt er redlich an, so läst sich dein Verlust
Entzückter Bräutigam! gar leicht und wohl ver-
gessen;
Der Waaren Meng und Werth auff Leipzigs grossen
Messen,
Steigt warlich kaum so hoch als hier auf ihrer Brust,
Die Frömmigkeit und Witz und Zucht und Anmuth
träget
Und so ein Heyraths-Gut zu deinem Wucher schläget.

Hochzeitsgedicht Ziegler/Riedel, S. 3
Verwandter Bräutigam! ich komme doppelt an, Z. 21–40

Zum Dritten giebet er die gut' Erinnerung
Den Leib der Seeligen in Friede ruhn zu laſſen/
Und meint du wäreſt noch vor Sorg und Gram zu
jung/
Und müſſeſt vor der Zeit nicht Sarg und Baare
faſſen.
Drum/ ſpricht er/ theures Haupt! du weiſt ja ſelbſt
ſo gut
Und beſſer als auch ich dir ſagen könt und wolte/
Das wenn/ dein Auge ſich in Zähren baden ſollte/
Dieß Waſſer gleichwol nie an Todten Wunder thut.
Drum lach und nim vielmehr des Höchſten Gunſt
zu Hertzen/
Der ſeinem Knecht erlaubt/ in Küſſen fromm zu
ſchertzen.

◉ ◉ ◉

Zuletzt gewährt er noch/ denn Freundſchafft komt
nicht leer/   (cke.
Durch meine Redligkeit ein kleines Braut Geſchen-
Es iſt kein theurer Fang aus Bantams Perlen-Meer.
Es iſt ein Weyrauch-Faß worein ich Flammen ſencke!
Der HErr der Mächtige/ vermähle werthes Paar!
Dein Glücke mit Beſtand den Seegen mit dem Rin-
ge
Damit ein ewig Wohl der Zeiten Neid bezwinge/
Und die ſonſt in der Eh' ge wöhnliche Gefahr
Von nun an keinen Fuß nach deinem Lager ſetze/
Biß deines Alters Heil der Enckel Wunſch ergötze.

Hochzeitsgedicht Ziegler/Riedel, S. 4
Verwandter Bräutigam! ich komme doppelt an, Z. 41–60

Abb. 103

103

Als
Der Wohl = Edle, Groß=Achtbahre
und Hoch = Gelehrte

Herr

Christian Adam

Gorn,

Jaurov. Sil.
Anno 1718. d. 12. Octob.
Die Würde

eines Doctoris Medicinæ
auf der Universität Halle
rühmlichst erhielt,
gratulirte Ihm
Das Collegium Disputatorium amicum
Svidnicio Jauroviense
in Leipzig.

LEIPZIG,
Gedruckt, bey Christoph Fleischers sel. Wittwe.

Promotionsgedicht Gorn vom Okt. 1718, S. 1
Vgl. Band II.1, S. 231–233

Du bist, Wohl-Edler Freund! der
            erst aus unsrer Zunfft,
Um dessen Doctor - Huth wir Lorber-
            Reiser stecken,
Wir, die wir stets versucht die schläffrige
            Vernunfft
In Deiner Gegenwart durch Ubung aufzuwecken.
Nun aber weist Du wohl, wie schwer es möglich sey,
Der Regung Hefftigkeit am Anfang auszusprechen,
Drum macht uns, sollt' auch jetzt den Reimen Krafft ge-
            brechen,
Die schärffste Billigkeit von Schuld und Fehler frey,
Weil deines Fleisses Ruhm uns gar so zärtlich rühret,
Daß Zung und Feder sich vor Freuden lahm verspüret.

Die Liebe dencket noch an jenes werthe Glied
Aus dem von unsrer Kunst geschloßnen Freundschaffts-
            Orden,
Sie denckt und weint zugleich, wenn sie die Stelle sieht,
Die uns durch Exner's Tod ein leeres Denckmahl worden.
Denn weil der Musen Lob nicht mit vermodern kan,
Und als ein Feigenbaum auch um die Gräber grünet,
Hat dieser treue Freund noch wohl so viel verdienet,
Daß, ob sich gleich sein Mund im Lentze zugethan,
Wir, die der Weißheit nach mit ihm verbrüdert hiessen,
Noch manchen Tropffen Schmertz auf dessen Asche giessen.

Promotionsgedicht Gorn, S. 2
Du bist, Wohl-Edler Freund! der erst aus unsrer Zunfft, Z. 1–20

Abb. 105   105

Doch wie Cometen Bluth der Morgenröthe weicht,
Und Muscheln offt den Blitz bey frischem Thau verwinden,
So läßt uns jetzt die Bahn, worauf Dein Eyfer streicht,
Auch einen Horizont voll heller Wolcken finden.
Hier sehn wir in der Näh Hygeens Baldachin,
Dich aber unter ihm am Ehren-Himmel gläntzen,
Wo Ansehn, Pracht, und Lohn mit so viel Blumen Kräntzen,
Als Haare würdig sind, Dein kluges Haupt umziehn;
Der Anblick giebt uns Trost, und läßt die distren Sinnen
Im Spiegel Deines Ruhms von neuem Licht gewinnen.

Es geht uns aber auch wie Augen in der Nacht,
Die, wenn es plötzlich gläntzt, den Schimmer kaum ver-
tragen;
Deñ weil der Weißheits-Strahl dein Antliz herrlich macht,
Kañ kein betrübter Blick den Abriß sicher wagen.
Zu schweigen, daß die Müh so klug und nöthig wär,
Als Mägdgen unsrer Stadt erst um die Küsse bitten,
Die Warheit, unter der Dein tapfrer Ernst gestritten,
Bringt selbst Dein Conterfey mit hohen Farben her,
Und wirffts Hygeen zu, und fügt nebst Deinen Jahren
Den frühen Lob-Spruch bey: Durch schlüssen und
erfahren.

Hierauß erhellt der Grund von Deiner Wissen-
schafft,
Die etwas weiter geht, als Neid und Thorheit schielen;
Kein ungesunder Leib bekommt doch frische Krafft,
Wenn Aertzte sonst nichts thun, als mit dem Pulse spielen.
Die Einsicht der Vernunfft eröffnet dir das Thor,
Wodurch man der Natur in manch Geheimnüß schauet,
Wer sonder diesen Blick auf blosse Pillen bauet,
Der dörrt nur Saltz aus Schnee, und wäschet einen Mohr,
Wie denn auch unsre Zeit schon viel beweinen müssen,
Die ein Galenus-Tranck methodisch hingerissen.

Promotionsgedicht Gorn, S. 3
Du bist, Wohl-Edler Freund! der erst aus unsrer Zunfft, Z. 21–50

Die Mode weiß kein Kleid, das nett und besser steht,
Als wenn uns das Verdienst der Tugend Leib=Schmuck
webet,
Diß ist, Gelehrter Gorn! was Deinen Fleiß erhöht,
Und heute Deinen Rang viel Stuffen weiter hebet.
Jetzt können Pleiß und Saal gewisse Zeugen seyn,
Daß Schlesiens Verstand in seinen Kindern steige,
Und Kunst und Wissenschafft, so wie die Palmen=Zweige
Des groß und tapfern Carls, noch täglich Früchte streun.
Dein Beyspiel lehrt es uns, und wird es künfftig lehren:
Ein Weiser bringe selbst sein Vaterland zu Ehren.

Wir Freunde Deines Glücks bezahlen unsre Schuld,
Und zeigen Dir dabey ein redliches Vergnügen;
Wir spüren einen Trieb gerechter Ungedult,
Durch Deinen Abschieds=Kuß noch einen Riß zu kriegen.
Indessen, da es Dir Dein Ammt befehlen will,
Und uns die Zeit verspricht Dir ehstens nachzuweisen,
So lassen wir Dein Haupt mit Wunsch nach Hause reisen,
Und machen den Verdruß mit dieser Hoffnung still:
Du werdest unsrer Treu so manches Angedencken,
Als Dir der Krancken Heil Erlösungs=Tittel, schencken.

Promotionsgedicht Gorn, S. 4
Du bist, Wohl-Edler Freund! der erst aus unsrer Zunfft, Z. 51–70

Abb. 107 107

Als
Der Hoch-Edle Hoch-Achtbare und Hochgelahrte

HERR

Christian Adam

Gorn,

von Jauer aus Schlesien,
Auf der berühmten Universität Halle
Anno MDCCXVIII. den XIV. Octobr.

die Würde

Eines

DOCTORIS MEDICINÆ

rühmlichst erhielt:

graculirte hierzu

ein

Des Herrn DOCTORIS

auffrichtiger Freund

D. L.

Leipzig, gedruckt bey Immanuel Tietzen.

Promotionsgedicht Gorn vom Okt. 1718, S. 1
Vgl. Band II.1, S. 238–240

Dler Freund! ich traute mir kaum die
Sünde zu verbeten,
Wenn ich, da Dir Ehr und Ruhm wür-
dig an die Seite treten,
Kein Vergnugungs Zeichen gäbe, und
indem ein starckes Heer
Deiner Freunde Lorbern windet, nicht zugleich geschäfftig wár.
Erstlich ist es ausgemacht, daß dein ungemeines Wissen
Durch den Strahl der Gründlichkeit mir die Augen aufgerissen,
Und mit unverdroßnem Wachen mir so Schlich als Weg gezeigt,
Wo man die entfernten Hügel rechter Wissenschafft ersteigt.
Dieses wár allein genug dein Gedáchtniß zu besingen.
Denn ein Mensch, auf dessen Rath unsre Musen höher dringen,
Und Verstand und Willen beßern, bindet uns durch eine Pflicht,
Deren Feßel kein Vergelten und kein theures Silber bricht.
Nachmahls kommt der Dienst dazu, den wir allen schuldig bleiben,
Die wie Du, Geehrter Freund! Kunst und Tugend eifrig
treiben:
Auch die Weißheit des Geringsten will so wie ein gutter Wein,
Hat sie gleich das Lob nicht nöthig, dennoch stets gerühmet seyn.
Drittens hat uns eine Lufft und ein Vaterland genähret,
Dieser Antrieb fodert auch, daß ich Dir den Wunsch erkláret:

Promotionsgedicht Gorn, S. 2
Edler Freund! ich traute mir kaum die Sünde zu verbeten, Z. 1–18

Abb. 109   109

Weil ein Lands-Mann an dem andern in der Fremd' ein Guth
besitzt,

Das uns, ist er anders redlich, vor des Trostes Armuth schützt.

Hierauf gründet nun mein Kiel diß sein schlechtes Reim-Gebäude.

Nur verzeih mir, daß ich nicht grosse Qvater-Stücke schneide,

Noch zu deinem Ehren-Tempel theuren Kalck und Sand gebrandt,

Oder nach der heut'gen Mode welchen Zierath angewandt.

Phœbus schickt mir, wie Du weist, keinen Pegasus zu Hofe,

Und am deutschen Helicon dient mir auch nicht eine Zofe,

Ja es fehlt mir nichts als alles, Kunst und Zeug, Gedult und Zeit,

Hätt ich dieses, hätt ich schleunig Dir ein festes Mahl geweiht.

Und was wär es auch wohl noth? Die, so kein Verdienst besitzen,

Müssen ihre Dürfftigkeit mit erleuchtem Lobe schützen;

Darum gehn sie auch den Dichtern, wie ein abgerittner Gaul

Voller Hunger auch zur Krippe, wegen eines Blats ums Maul.

Diese Wahrheit, so Du suchst, und was red ist, schon gefunden,

Hat Dir durch Hygeens Hand schon den Palmen-Strauß ge-
bunden,

Und in öffentlicher Menge klugen Ohren dargethan,

Daß ein Kopff von Deines gleichen von sich selber steigen kan.

Dort naus, wo die blaue Saal mit gelehrten Usern spielet,

Und der Neider Zorn und Gluth mit dem Weißheits-Saltze
kühlet,

Warffen dir die Pierinnen Lob-Spruch, Crantz und Blumen zu,

Und ermahnten ihre Söhne, daß ein ieder solches thu.

Denn es brach nunmehr dein Fleiß, wie ein Stern, durch Sinn
und Ohren,   (gebohren,

Und Minervens Kampff-Platz wieß, daß ein Stern, der Dich

Promotionsgedicht Gorn, S. 3
Edler Freund! ich traute mir kaum die Sünde zu verbeten, Z. 19–42

Deinem werthen Vaterlande so ein Kind hervor gebracht,
Dessen Glantz in späten Zeiten den Geburths-Ort kennbar macht.
Wer die netten Sätze sieht, so Du letzt noch ausgeführet,
Und gleichwohl aus Eifersucht kein erlangtes Lob berühret,
Der verdient an allen Gliedern, diß ist doch wohl nicht geflucht,
Daß ihn jenes Ubel treffe, so Du drinnen untersucht.
Dieses ist auch etwan nicht nur dein erstes Meister-Stücke,
Pleiß und Linden rühmen längst dein Verdienst und auch dein
Glücke,
Und besprechen sich noch öffters, wenn der West die Zungen löst,
Von der Ubung deines Mundes, der kein Blendwerck von sich
stöst.
Hat die Mißgunst auch an Dir ja noch etwas auszusetzen,
Wird sie, wie es mir schon ahnt, diß vor deinen Fehler schätzen,
Daß Du nicht wie blinde Schaafe bey dem alten Hauffen stehst,
Und vielmehr aus neuen Schulen in die Zahl der Weisen gehst.
Doch der Vorwurff hält nicht Stich, und verdient ein Spott-Ge-
lächter;
Thun des Aristotelis ausgepeitschte Feder-Fechter
Mit den höltzernen Dusäcken ihrer Entitäten toll,
So versprich Dir, daß die Wahrheit dennoch siegen muß und soll,
Geh daher mit Frieden heim, und erfreu die krancken Glieder,
Denn die Sehnsucht wirfft sie schon in dem Bette hin und wie-
der,
Geh und zeige dein Vermögen; ich empfehl und schencke mich
Deiner unverfälschten Liebe durch ein: GOtt begleite Dich.

---

* Dieses ist die gelehrte Dissertatio medica de Scabie, so der Herr Doctor neulich in Halle pro grad gehalten.

Promotionsgedicht Gorn, S. 4
Edler Freund! ich traute mir kaum die Sünde zu verbeten, Z. 43–64

Abb. 111   111

Den
In der Handelschafft der Liebe
entstandenen,
Aber noch nicht völlig erörterten
Streit:
Ob
Die Wittwen oder die Jungfern
Die beste Waare zum Heyrathen seyn/
Wolte
Bey Gelegenheit
Des

Küster=
Und
Wilckischen

Hochzeit = FESTINS
Welches
A.C. 1718. den 18. October
In Osterwyck
Vergnügt celebriret wurde
Aus denen Ihm zu Handen gekommenen Acten
Unpartheyisch referiren
Ein verbundener Diener und Vetter.

Gedruckt im Jahr Christi 1718.

Hochzeitsgedicht Küster/Wilcke vom Okt. 1718, S. 1
Vgl. Band II.1, S. 409–416

Honny soit qui mal y pense.

Er Liebe fruchtbar Reich zeigt so viel Seltenheiten/
Daß ihm nichts in der Welt den Vorzug zu bestreiten
Vollkommen fähig ist.   Der Erden fester Raum
Ließ durch des Schöpffers Wort kaum von des
Meeres Schaum
Krafft des gesteckten Ziels/sich abgesondert blicken/
Als schon der Liebe Macht/ die Seelen zu berücken
So Zeit als Mittel fand. Hier fing ihr Reich sich an
Und was man menschlich nennt/ das ward ihr unterthan.
Seit diesem ist es stets in vollem Flor geblieben/
Weil es beständig Kauff- und Handelschafft getrieben.
Diß macht es noch weit mehr als Holl-und Engeland
Durch seiner Waaren Pracht in Ost und West bekand.
Denn zu der Handlung ists vortrefflich wohl gelegen:
Was die aus Indien uns herzubringen pflegen
Wächst bey Ihr selber zu; an dem man mehr erblickt
Als was uns Matrapan und Porto Ricco schickt.
Hier findet man das Guth/ das kein Havana sendet/
Das aus Batavien noch niemals angeländet/
Das Ceylon, Manaar und Ormus nicht besitzt.
Sein holder Götter Strahl der wie die Sonne blitzt/
Beschämt des Potosi, der Gallionen Schätze.
Die Liebe legt den Preiß durch himmlische Gesetze

Selbst

Hochzeitsgedicht Küster/Wilcke vom Okt. 1718, S. 2
Der Liebe fruchtbar Reich zeigt so viel Seltenheiten, S. 1–22

Abb. 113   113

Selbst diesen Waaren bey; und wenn es ihr gefällt
Derselben loß zu seyn / so kaufft die gantze Welt.

Doch bey der grossen Zahl die Hertz und Augen blendet
Hat man sich bald zu der/ bald dieser auch gewendet/
Eh man nach vieler Müh zu einem Schlusse kam
Und was am schönsten schien/ mit sich nach Hause nahm.
Daher entstund einmahl auff einer grossen Messe
Die/ weil es nicht gar lang/ ich billig nicht vergesse/
Ein harter Zanck und Streit; an dem der **Bräutigam**
Als selbst ein Handels-Herr gar grossen Antheil nahm.
Die Waaren/ so man theils der **Jungfern Volck** benennet/
Theils an den **Wittwen** auch in allen Oertern kennet
Erregten diesen Zwist.   Der eine sprach: Ich weiß
Der Jungfern werthes Volck behält den besten Preiß.
Allein ein anderer um Ihn darob zu schelten/
Sprach: Wittwen müssen mehr als blosse Jungfern gelten.
Seit dem ward dieser Stritt ie mehr und mehr bekannt;
Er kam/ wie schon gesagt/ auch nechst in unser Land/
Und beyder Actien/ die Käuffer zu vergnügen/
Sind bald nach iedes Sinn gefallen/ bald gestiegen.
Die Liebe so den Zanck vor ihr Commercium
Mehr als zu schädlich hielt/ die sprach: Ich will kurtz um
Der Sachen Endschafft sehn. Vor den Debit der Waaren
Ist diß der gröste Stoß.   Wofern wir so verfahren
So wird der Marckt verterbt/ indem ein toller Wahn
Der besten Sorten Preiß gar leicht vermindern kan.
Will man nur einen Zeug vor gut und ächte schätzen/
So wirds/ ich seh es schon/ viel Laden-Hüter setzen.
Kaufft einer aber diß/ dem steht was anders an/
So wird zu seiner Zeit der gantze Kram verthan.
Geht demnach ungesäumt / geht/ holet Advocaten/
Und laßt/ nach Wechsel-Recht/ euch allen beyden rathen.
Kaum war der Spruch geschehn/ so trat ein alter Tropff
Mit sanfften Schritten auff; und der geschorne Kopff
Den man Albertus hieß/ (a) rieff: Gebet mir Gehöre/
Damit ich euch allhier geheime Sachen lehre.
                ):(2   **Kein**

(a) Albertus Magnus, Bischoff zu Regenszburg / welcher das erbauliche Buch/
       de Secretis Mulierum geschrieben.

Hochzeitsgedicht Küster/Wilcke vom Okt. 1718, S. 3
Der Liebe fruchtbar Reich zeigt so viel Seltenheiten, S. 23–58

Kein Mensch lebt auff der Welt/ dem mehr als mir bekandt/
Wie es recht eigentlich mit Weibern ist bewand.
Mich/ der das innerste von der Natur ergründet/
Nimmt Wunder/ daß sich ietzt noch iemand unterwindet
Der Frau und Wittwen hier das Vorrecht strittig macht.
Das ist vollkommen nur/ was es so weit gebracht/
Daß es Veränderung nicht weiter darff besorgen;
Bey Jungfern aber zeigt nach einer Nacht der Morgen
Gar grossen Unterscheid.   Hingegen eine Frau
Bleibt wer Sie vor gewest/ wenn Sie auch alt und grau.
Ihr Jungfern tretet auff/ sagt/ was ist euer Wesen
Wenn ihr verjähret seyd/ und mit den alten Besen
In gleichem Preisse steht? worauff ihr euch so stützt/
Die liebe Jungferschafft hat nicht der Welt genützt.
Beschreibet was sie sey? Ihr könt es nicht ersinnen.
Wofern bey selbiger was rechtes zu gewinnen
So würdet ihr ja wohl nicht immer Tag und Nacht
Auff Mann/ auff Kind und Bett so eyfrig seyn bedacht.
Viel machen viel daraus/ noch meher aber lachen/
Daß Ihr mit dem was nichts Euch groß und breit wolt machen.
Vor nns kämpfft Euch zu Trotz! Nachthöfer/ Taubmann/ Lund/
Und Schöpffer saget frey: Eur Recht hat keinen Grund.
Das klug' und tapffre Rom/ das räumete den Frauen/
Die aus dem Ehebett drey Kinder konten schauen/
Ein sonderbares Recht und grossen Vorzug ein (b)
Dergleichen kan sich nicht der Jungfern Schaar erfreun.
Sie sind als wie ein Land das heuer brache lieget/
Und seinen Herren nicht mit reicher Frucht vergnüget.
Diß müst Ihr zugestehn/ dadurch gebt Ihr euch bloß/
Durch diß kriegt euer Recht gar einen grossen Stoß.
Dreht immer/ wie Ihr wolt/ mein freyes Wort zu Boltzen
So lang Ihr Jungfern seyd/ so seyd Ihr Hagestoltzen. (c)
Diß fürchtet keine Frau/ die wie ein Baum die Frucht
Zu seiner Zeit gewährt und stets zu tragen sucht;
Und eben diese Frucht/ ob gleich vom andern Jahre/
Ist allemahl so gut als wie die erste ware.
Den schon gebähnten Weg/ geht man mit leichterm Fuß
Als wo man Straß und Pfad durch Hecken suchen muß.
                                                    Die

(b) Jus trium Liberorum.   (c) Vid. Schottelius im Ttactat von den alten
          Teutschen Rechten.

Hochzeitsgedicht Küster/Wilcke vom Okt. 1718, S. 4
Der Liebe fruchtbar Reich zeigt so viel Seltenheiten, S. 59–96

Abb. 115   115

Die Küsse so Jhr gebt/ in einem neuen Stande
Sind/ wie mir viel erzehlt/ in dem und jenem Lande/
Das einemahl zu frey/ das andre zu verschämt.
Der aber welcher sich zu Wittwen nur beqvämt/
Der trifft den Mittelweg. Er bricht die reiffen Früchte
Des Ehestandes ab/ und wendet sein Gesichte
Von dem unreiffen Obst. Es trincke wer da will
Und setze/ wenn er lächst/ zu seines Durstes Ziel
Den ausgepreßten Safft von den noch herben Trauben/
Mir wird der Klugen Mund in allen Ländern glauben/
Daß abgelegner Wein mit der vollkommnen Krafft
Dem/ welcher trincken will/ das beste Labsal schafft.
Die Rose wenn sie noch in ihrer Schale stecket
Jst nicht so angenehm/ als wenn sie uns entdecket
Der vollen Blätter Pracht bey der kein Dorn mehr sticht.
Wer ist zur Häußligkeit wohl besser abgericht/
Als die so schon ein Hauß vernünfftig hat regieret/
Und nach des Mannes Tod das Regiment geführet?
Geschweige was sich sonst vor Nutz und Vortheil zeigt/
Wenn einer Hertz und Sinn zu einer Wittwen neigt/
Und balb den ersten Tag den schönen Vater Nahmen
Durch Kinder die vorher aus erster Ehe kamen/
Ohn alle Müh erlangt: wozu man billig setzt/
Das selbst das heil'ge Recht (d) vor Liebes-Wercke schätzt/
Wenn iemand Wittwen nimmt/ und der verlaßnen Thränen
Jn ihrem Jammer stillt. Wer sich nach Jungfern sehnen
Und in ein rauhes Land zur Handelschafft will gehn
Der ist recht sehend blind/ uud wird gar schlecht bestehn.
Wo Er nicht will bey uns das beste Theil erwehlen/
So mag Er seinen Leib mit einer Jungfer qvälen.
Seht! wie der Ausschlag selbst/ daß wir gewonnen/ sagt/
Weil der Herr Bräutigam nach einer Wittwen fragt.

Die Jungfern die sich fast vor Unmuth selbst nicht kannten/
Und doch vor Eiffer auch/ sich zu verfechten/ brannten,
Hielt Scham und Furcht zurück. Doch im geheimen Rath/
Nach dem man Wohl und Weh recht überleget hat,
              ):(3   Fiel

(d) Das Jus Canonicum.

Hochzeitsgedicht Küster/Wilcke vom Okt. 1718, S. 5
Der Liebe fruchtbar Reich zeigt so viel Seltenheiten, S. 97–132

Fiel endlich dieser Schluß : zu unserm Sachverwalter
Schickt sich kein Ordens-Mann/ kein Sauertopff/ kein Alter.
Da kauft man allemahl am allerliebsten ab
Wo ein schön Angesicht nach dem Brabantschen Stab
Die rarsten Stoffe mißt; und wenn mit Maaß und Ellen
Sich schöne Diener auch in einen Laden stellen.
Drum ward Ovidius der muntere Galan
Einmüthiglich erwehlt.   Er nahm es willigst an
Und sprach/ als er vorher um die Verhör gebethen:
Ihr Schönen/ die ich ietzt auffs beste wil vertreten/
Ihr Schönen/ zürnet nicht/ daß man der Wittwen Schaar
So gute Proben zeigt. (*)   Die angenehmste Waar
Ist noch vor Euch zurück / und wo ihr Mich wolt küssen
Solt Ihr was Extrafein so gut als jene wissen.
Was prahlt / was brüstet sich der Wittwen leerer Tand ?
Euch ist schon längst das recht / der Vorzug zuerkannt.
Denn vor uralter Zeit / als einst darum die Griechen
Den Delphischen Apoll zu fragen sich vergliechen/
Sprach Er: die Jungfern sind vor allen Dingen werth
Daß man Sie zu der Eh/ und in das Bett begehrt.
Bey meinen Römern selbst/ bey Deutsch-Lands wilden Leuten (e)
Da waren die veracht die nicht nach Jungfern freyten.
Auf unsrer Seite steht weit eine größre Zahl ; (f)
Es faßt der kleine Raum Sie hier nicht allzumahl.
Euch kan wie zartes Wachs der Mann am besten ziehen/
Da Wittwen offtermals die besten Lehren fliehen ;
Indem der erste Mann noch in dem Kopffe steckt/
Und das Gerichte stets nach jenem Topffe schmeckt.
Hilff Himmel ! was vor Zanck pflegt offters zu entstehen/
Wenn alle Schritte nicht nach ihrem erstern gehen.
Denn sitzt der arme Mann/ der eine Wittwe nahm
Und kratzet sich im Kopff mit hundert tausend Gram :
Sein gantzer Handel liegt/ der Muth ist Ihm benommen
Weil Er von Vera Crux (g) verlegne Waar bekommen.

Der §3 *

(*) Arma dedi Danais in Amazonas , arma supersunt,
    Quæ tibi dem & turmæ, Penthesilea, tuæ, spricht Ovidius : in Libr. 2. de
    Art. Amandi.
(e) Zu Ovidii Zeiten war Deutschland noch sehr wild und uncultiviret.
(f) Hesiodus, Aristoteles, Apulejus, Eusebius, Pacianus, Kornmannus, Ar-
    nisæus, Fabritius, Grupen &c.
(g) Ist ein Haven am Sinu Mexicano, da fast alle Waaren zusammen gebracht
    werden/ die nach Europa gehen / und von da nur neulich erst die Spanische
    Silber-Flotte gekommen.

Hochzeitsgedicht Küster/Wilcke vom Okt. 1718, S. 6
Der Liebe fruchtbar Reich zeigt so viel Seltenheiten, S. 133–166

Abb. 117   117

Ihr aber Schönsten seyd (wenn man uns nicht berückt)
Ein angenehmer Brieff den Porto Bello schickt. (h)
Der noch gantz frisch datirt/ und auf viel schöne Sachen/
Wenn man das Siegel bricht/uns kan Vertröstung machen.
Soll das vollkommen seyn/ was nicht das Kleinod trägt
Daß die Natur in Euch als einen Schatz gelegt
Der nicht zu schätzen ist? Wer was gewärmt nur weisen
Und mir nichts frisches giebt/ mit dem mag ich nicht speisen.
Heist es nicht hier mit recht/ wie jener weislich spricht : (i)
Aus Wässern/ wo der erst ersoffen/ trinck ich nicht.
Ob jener Waaren gleich weit/ gäng und geber scheinen/
So kan man doch bey Euch mit Wahrheit nicht verneinen/
Daß Eure feiner sind/ in höhern Farben stehn/
Und ieden Morgen sich mit neuem Glantz erhöhn.
Der Wittwen sterbend Feur ist von Ponente kommen/ (k)
Da Ihr mit vollem Glantz vom Aufgang hergenommen
Und von Levante seyd.   Der kahle Gegen-Satz/
Daß nach der Rechte Spruch / wer einer Wittwen Platz
In seinem Bette macht/ ein Liebes-Werck verrichte/
Ist nur ein Pfaffen-Wahn/ ein albernes Gedichte.
Wo man in solchem Fall/ nach dem sehr schwachen Schluß
Den Rechten/ die es nicht verstanden/ folgen muß ;
So darf iver sich ja sonst nach selben nit bequämen
Uns hindert dieses nichts/ nur eine Wittwe nehmen.
So hält das gantze Thun der Wittwen schlechten Stich/
Was Sie gesagt/ das ist mehr vor als wieder mich.
Kurtz: was die Frauen sind schon lange Zeit auff Erden/
Dasselbe könnet ihr/ so bald Ihr wollet/werden.
Die Rose so kein Gifft/ kein Mehl-Thau hat berührt
Zeigt so was artiges/ das Euch weit meher ziert/
Als wenn ein frecher Wurm die Blätter schon durchfressen.
Denckt Schöne/ denckt Ihm nach/Ihr könt es selbst ermessen
Ob nicht des Tages Schein mit dem noch jungen Licht/
Viel schöner über Berg und über Thäler bricht/

                                                     Als

(h) Ist ein schöner Haven/ ebenfalls am Sinu Mexicano, wo eine von den grö-
    sten Messen in der gantzen Welt gehalten wird.
(i) Quæsitus Juvenis viduam cur ducere nollet,
    In queis quis periit, non bibo, dixit, aquis.
(k) Die Holl-und Engländer nennen die Handlungen nach den Ländern die ge-
    gen den Morgen liegen/ die Handlung nach der Levante , und nach denen
    die gegen den Abend liegen/ die Handlung nach Ponente.

Hochzeitsgedicht Küster/Wilcke vom Okt. 1718, S. 7
Der Liebe fruchtbar Reich zeigt so viel Seltenheiten, S. 167–200

Als wenn der Sonnen-Strahl sich zu dem Mittag neiget/
Und die gehäuffte Hitz sich bey dem Hunds-Stern zeiget.
Ob nicht des lachenden/ des bunten Frühlings Pracht/
Sich uns beliebter als des Sommers Wärme macht.
Der Bräutgam soll zum Schluß auf sein Gewissen sagen:
Ob Ihn sein erster Sinn nicht hat zu uns getragen:
Ob sein Verlangen nicht nach einer Jungfer gieng/
Eh von der Wiederpart Er Glut und Flammen fieng.

Geht/Schönen, zancket Euch mit gleichen Waff und Pfeilen;
Wem Venus und Ihr Sohn wird wollen Recht ertheilen
Der trägt den Sieg davon. (l)   Mich blendet beyder Licht.
Die Themis brauchet Zeit eh Sie ein Urtheil spricht.
Ich will demnach den Preiß von keiner Waare mindern/
Euch BEYDEN steht es zu/Euch angenehmen Kindern
Daß Ihr Euch selbst vergleicht/ daß euer Mund uns sagt/
Nach welcher Waare man am allermeisten fragt.
Ich wende mich nur bloß zu Dir verlobter Vetter,
Und sage zum Beschluß der mehr als freyen Blätter:
Glück zu! Du hast so viel als ich davon versteh/
Den besten Kauff gethan mit ~~einer~~ DOROTHE.

(l) Ite in bella pares, vincant, quibus alma Dione
    Faverit. & toto qvi volat orbe Puer.   Ovidius L. 2. de Art. Amandi.

Abb. 119   119

Bey der
den 25. Octobr. 1718.
in Leipzig
geschlossenen

Winckler-
Kistnerischen

Mariage,

Uberlieferten ihre Gratulation,
Einige gute Freunde.

Günther

Hochzeitsgedicht Winckler/Kistner vom Okt. 1718, S. 1
Vgl. Band II.1, S. 417–419

Ur fort, vergnügtes Paar! und laß
dich nichts verstören,
Sucht Blumen auff der Brust /
werfft Finger in den Schnee,
Und Flammen in die Schoos, und
Seufftzer in die Höh/
Laßt Zimmer / Hauß und Wand,
die sanfften Schmätzchen hören;
Umarmt euch wie der Wein/ der Ulm und Pfahl umschlingt,
Küßt, jauchzet, lacht und spielt verkriecht euch, hüpfft und
springt /
Laßt Lust und Sehnsucht auß und jagt euch um die Wette,
Mit Schenckeln, Mund und Hand, durch Lager Tisch und
Bette.

Wir sitzen unter deß mit fest verschwornen Zungen,
Und sehn und spielen euch ein kurtzes Lied dazu;
Dis bringt ja hoffentlich die Lieb' auß keiner Ruh,
Die als ein starckes Wind euch auß euch selbst gezwungen.
Mercur verführte dort den Argus durch den Thon,
Wir aber wissen längst daß Cythereens Sohn/
Durch keinen Flöthen = Schall sein Sysel verhindern lasse,
Und ein vor allemahl das Joch der Herrschafft hasse.

Die Myrthen, so du nimmst, erfordern Lorbeer=Aeste,
Das ist: dein Hochzeit=Tag begehrt der Musen=Pflicht,
Die Dienst und Mode weiht.   Wir wegern uns auch nicht/
Wie etwan Clelila vor ihrem Kirchgangs=Feste.
Wer deinen Bund bedenckt, dem wird das Schreiben leicht,
Weil deine Neigung uns genug Empfindung reicht,
Und deiner Würdigkeit vermählte Tugend=Gaben,
In unser schläffrig Hertz den schärffsten Eindruck haben.

Man

Hochzeitsgedicht Winckler/Kistner, S. 2
Nur fort, vergnügtes Paar! und laß dich nichts verstören, Z. 1–24

Abb. 121   121

Man läufft sonst insgemein aus blindem Wahn zusam-
men,
Und Flora, welche blos nach langen Nasen wehlt,
Und Chremes, der allein die guldnen Raben zehlt,
Entheiligen die Bluth durch ungerechte Flammen.
Amindo, der die Brunst zum ersten Zwecke macht,
Nennt alle Gassen durch und stellt bey tieffer Nacht,
Wie Jäger auf das Wild und fängt und sieht bey Tage,
Wie schlechten Vortheil ihm sein räudig Wildpret trage.

Wie manchem läßt der Geitz das erste Jawort schrei-
ben,
Da nimmt sein Eyfer blos den Schmuck in Augen-Schein:
Und hat das gute Mensch gleich nur ein halbes Bein,
So nimmt er doch den Trost: Sie wird sein häußlich blei-
ben.
Salantes streut bißher der Ehrsucht Weyrauch vor,
Und klopfft mit stolzer Faust an ein Durchläuchtig Thor,
Und kriegt wie er verdient, die wohlgebohrne Dame,
Mit einer welcken Brust und ausgeleertem Krame.

Es geht so wie mans treibt; Samt, Frauen, Edelsteine,
Sind, handelt man bey Licht, dem Käuffer kein Ge-
winn;
Die Prüfung zeigt den Werth, der Umgang Hertz und
Sinn,
Und Sterne kennt man nicht bald aus dem ersten Scheine.
Diß kluger Bräutigam! Diß wohlversorgte Braut!
Erwogt ihr mit Vernunfft, drum schicket ihr die Haut,
Nicht eher auf den Marckt, als bis die Vorsicht lehrte:
Daß eure Redligkeit einander zugehörte.

Das

Hochzeitsgedicht Winckler/Kistner, S. 3
Nur fort, vergnügtes Paar! und laß dich nichts verstören, Z. 25–48

Das Ziel der wahren Eh, die Aehnligkeit der Triebe,
Erbaut euch also fort ein Glück-Schloß vieler Lust,
Und überschüttet euch die Flammen-reiche Brust
Mit einem Seegens-Thau der allerzärtsten Liebe.
Du, schön und fromme Braut! Triffst hier den Winckel an,
Worein sich deine Zucht getrost verkriechen kan,
Er aber schließt sein Hertz in eine weiche Kiste.
Und füttert sie vor Frost mit Wolle sanffter Lüste.

Der Herbst giebt Frucht und Wein und füllt so Scheur
als Schläuche,
Und macht die Keltern naß, und preßt das Reben-Bluth,
Dis was nun die Natur in ihrem Circkel thut,
Das thut dein Bräutigam auch in des Amors Reiche,
Doch darum kümmert sich von uns kein Unverstand /
Er thu es wie er darff.   Wir machen Kiel und Hand,
Aus Scham und Ehrfurcht stumm, und wünschen, das dem
Fasse,
Ein wohlgejohrner Most den besten Ausbruch lasse.

Hochzeitsgedicht Winckler/Kistner, S. 4
Nur fort, vergnügtes Paar! und laß dich nichts verstören, Z. 49–64

Abb. 123   123

Dem
Hoch-Edlen/Großachbahren/u. Hochgelährten Herrn,
HERRN

Christian Adam

Gorn,

MED. DOCTORI

Zeigte bey rühmlichsten Abschiede von der Leipziger
Universität
Anno 1718. d. 5. Novembr.
Vor den in einer gefährlichen Kranckheit an einiger Person
erfahrnen medicinischen Fleiß
Seine schuldige Danckbarkeit
Dessen allezeit Ergebener
Johann Christoph Göbel, Probsthain. Siles.

Geleitgedicht Gorn vom Nov. 1718, S. 1
Vgl. Band II.1, S. 255–257

Efällt die Danckbarkeit in ihren Hirten-
Kleide,
Begehrt des Tempels Putz auch schlechten
Zeug zur Seide
Und nimmt des Höchsten Dienst den
Ysop an der Wandt;
So wirst du, Theurer Freund! den guten Willen schätzen,
Der da Dir schon so viel noch beßre Lieder setzen,
Sein armes Löse-Geld so furchtsam nach gesand.

Ich habe diese Pflicht mit Rath und Fleiß verschoben,
Biß daß dein Abschieds-Blick die netten Liebes-Proben,
Der Freunde, die du kennst, auf Blättern durch geküßt,
Wohlwissend-daß mein Vers, wofern er drunter rennte,
In ihrer Gegenwart sich leicht verschlimmern könnte,
Nach dem ein Gegentheil des andern Klarheit ist.

Nun hofft auch dieß mein Blatt, die Frucht ergebner
Sinnen,
Die spät und mühsam reift, ein Auge zu gewinnen,
Das durch ein freundlich thun die blöden Tadler schwächt.
Und ob gleich Federn sind, die dir so schön geschrieben,
So ist doch noch ein Trost vor mich zurücke blieben:
Sie haben grösser Kunst, ich habe grösser Recht.

Denn daß ich nicht bereit den Würmern Nahrung gebe,
Denn daß ich heute noch zu Deinem Ruhme lebe,
Und itzo, wie du siehst, den Kiel regiren kan,
Das macht nächst GOtt dein Fleiß und früh bekliebnes
wissen,
Womit mich dein Verstand der nahen Grufft entrissen,
Und, wo ichs sagen darff, ein Wunder-Werck gethan.

Geleitgedicht Gorn, S. 2
Gefällt die Danckbarkeit in ihrem Hirten-Kleide, Z. 1–24

Abb. 125

125

Der ungesunde Lentz ließ neulich unser Linden,
Am traurigen Parnaß viel Musen Thränen finden,
    Und droht auch mir nunmehr den letzten Hertzen-Stoß;
Die plötzliche Gewalt des scharffen Fieber-Brandes,
Entzog mir nach und nach die Kräffte des Verstandes,
    Und eilte fast damit auf Erners-Vorgang loß!

Mein Geist beschritt bey nah das Ufer jenes Lebens,
Kein Pulver schlug mehr an, die Vorsicht war vergebens,
    Ich lechste, schwieg und zog schon in Gedancken heim,
Die Brüder sahen zu und trathen auff die Seite,
Und redten unter sich: Der Stirbt gewiß noch heute.
    Und suchten schon den Kiel von ihrem Klage-Reim.

Was war nunmehr zuthun? Ich sah nach Deiner Hülffe,
Und weinte bey mir selbst wie Moses in dem Schilffe,
    Dein Hertz umarmte mich und sprang der Ohnmacht
                        bey,
Der zeichen Unbestand verwirrte Dein Gemüthe,
Doch sieh! indem die Noth am allerhärtsten glühte,
    So brach Dein Tapffrer Fleiß der Kranckheit Bant
                     entzwey.

Wie hast du nicht geschwitzt? Wie hast du nicht gesesse
Dem Ubel nach gedacht? der Mittel Grund ermessen
    Dem Geiste frischen Muth dem Leibe Trost verschaff
Der Mutter hab ich viel doch Dir noch mehr zudanck
Sie führte mich zur Welt, Du führst mich aus
                   Schrancken,
  Worein der Tod bereits viel neben mir geraff

Geleitgedicht Gorn, S. 3
Gefällt die Danckbarkeit in ihrem Hirten-Kleide, Z. 25–48

Der Titel kommt Dir zu: Mein Gönner mein
Erretter;
Ja wär ich nicht ein Christ so macht ich fast mehr Götter,
So würd ich Dir forthin Gold, Myrrhn und Wey-
rauch streun,
So aber, da Du Dich vor einen Mensch erkennest,
Und vor des Höchsten Ohr mich deinen Mitknecht nennest,
So must Du mir gleichwohl ein halber Vater seyn.

Der Römer pflegte sonst nach überstandnen Reisen,
Und windichter Gefahr den Wasser-GOtt zu preisen,
Und hing ihm offt davor Erlösungs-Taffeln auf;
Ich such am Helicon die gleich und längsten Bäume,
Und schneide statt des Ruhms die kurtz gerathen Reime,
Denn sonst vermag ich nichts, mit treuen Fingern
drauff:

Der Herr, der ehmals sprach: Der Tod gehört dem
Sünder.
Der Herr, der künfftig spricht: kommt wieder Menschen
Kinder. (läst
Der HErr, der Kraut und Graß zum Nutzen wachsen
Der gebe deiner Brust Vergnügung, Stand und Glücke,
em Alter Höh und Krafft, der Mißgunst kalte Blicke,
Und deiner Heilungs-Kunst ein täglich Ehren-Fest.

r lasse dein Geschlecht sich auf die Nach-Welt strecken,
r laß es überall das Marck des Landes schmäcken,
'nd laß auch dich noch selbst der Enckel Wachsthum
schaun.
ng ich einst dahin, wornach mein Eifer strebet,
vill ich deiner Gunst, die mich aufs neu belebet,
Rit tausend Krancken noch ein würcklich Danckhauß
baun.

Geleitgedicht Gorn, S. 4
Gefällt die Danckbarkeit in ihrem Hirten-Kleide, Z. 49–72

Abb. 127   127

Als

Herr MAGISTER

Hanck

In Zduny

Sich vermählte

Mit Seiner Jungfer Braut

Der art'gen

Klingnerin,

So schickt' ein naher Freund,

Der bey dem Schmause fehlte,

Diß Blat aus fremder Lufft

An seine Stelle hin.

Hochzeitsgedicht Hanck/Klingner vom Febr. 1719(?), S. 1
Vgl. Band II.1, S. 396–398

Ur fort! verdroßner Gaul; kein Zittern
hemmt den Frost;
Die Kälte wüttet scharff und du bist stumpf
beschlagen;
Jedoch die Schuldigkeit begehrt die schnell-
ste Post,
Und jagt dich uber Land, die Zeilen wegzutragen.
Der Weg ist etwas weit, was säumst du, faules Thier
Nach Art derjenigen, die in den Mercker reisen?
Hier siehst du Peitsch' und Stock, die beyden sollen dir,
Wofern du zaudern wilt; gar bald die Straße weisen.
So red'ich, Edler Freund! mit meinem Pegasus;
Jetzt da Dein Hochzeit-Fest ein nettes Lied begehret;
Diß aber macht mich roth, daß, da ich eilen muß,
Der böse Februar die Dichter-Gluth verzehret:
Mein Phœbus nimt zwar wohl sein stummes Instrument,
Er will die Sayten ziehn; es bleibt auch bey dem Wollen;
Der blaue Finger starrt, die Lufft von Norden brennt,
Und macht ihn ungeschickt, weil Hand und Blied geschwollen.
Ich schmückte deinen Krantz mit Blumen vom Parnaß,
Der Berg ist nur verschneyt, der Musen Qvell gefroren,
Die Hügel werden kahl, die Pierinnen laß,
Als welche letztern sich schon zum Vulcan verlohren.
Genug Entschuldigung. Du brauchest endlich nicht,
Vergnügter Bräutigam! den Zierath meiner Hände;
Nachdem Dir selbst dein Arm die schönsten Myrthen bricht,
Zu welchem ich allhier nur Winter-Veilgen sende.

Hochzeitsgedicht Hanck/Klingner, S. 2
Nur fort! verdroßner Gaul; kein Zittern hemmt den Frost, Z. 1–24

Abb. 129   129

Der Neid, der insgemein den Neu-Vermählten flucht,
Bewundert auch an Dir die freye Wahl im Lieben,
Warum sie nicht die Braut im Vaterlande sucht,
Und was doch Deinen Sinn in fremde Lufft getrieben.
Ich aber wundre mich, daß er sich nicht besinnt,
Daß, (wie das Sprichwort geht) in unserm edlen Sachsen,
Besonders hier herum, wo Lupp und Pleiße rinnt,
Die Pflantzen schöner Eh' am allerbesten wachsen.
Hier sieht die Höffligkeit ihr stetes Vater-Land;
Hier wuchert die Natur mit ihren Schönheits Gaben;
Und wen der Himmel liebt, der muß von dessen Hand,
Zum Zeichen seltner Gunst, ein Kind aus Leipzig haben.
Du machst den Aussspruch wahr.   Die Schickung scheint
                              Dir hold.
Das Bündniß und der Schluß, den Du anietzt getroffen,
Kan, weil das Glücke, Schertz, die Wollust Flammen zollt,
Bey Dir die Wiederkunfft des Paradieses hoffen.
Das Feuer keuscher Brunst befleckt kein Licht und Recht,
Und Amor darff auch wohl in Priester-Kleidern schertzen;
Daher ergötze Dich, vermählter Gottes-Knecht!
Und opffre Deiner BRAUT die Regung mit dem Hertzen.
Die Bürde deines Amts bedarff zum öfftern Ruh;
Die kanst Du Tag und Nacht in ihren Armen finden,
Die Dich, verdientes Haupt! (ich seh von weiten zu)
Mit Ketten fester Treu und Anmuths-Fesseln binden.
Vier Zeiten trägt das Jahr, die stets im Wechsel sind,
Du kanst sie auf einmahl und zwar zugleich beschauen.
Nur frage nicht, wo da? Betrachte nur dein Kind,
Mit dem die Gratien ein Rosen-Lager bauen.
Der Frühling herrscht bey Ihr auf Wangen bundter
                              Pracht,
Der Winter deckt die Brust, die Schnee von aussen heget,
Und da ihr scharffer Blick den wärmsten Sommer macht,
So ziert der Herbst den Mund, der Kuß und Früchte träget.
Du aber, schöne Braut! verläst dein Vaterland,
Gehst von der Freundschafft aus und wanderst gegen
                              Morgen,

Hochzeitsgedicht Hanck/Klingner, S. 3
Nur fort! verdroßner Gaul; kein Zittern hemmt den Frost, Z. 25–58

Hier findest du gewiß durch den vertauschten Stand
Den Aufgang aller Lust, den Untergang der Sorgen.
Dein Liebster öffnet Dir Brust, Kammer, Bett' und Hauß.
Zeuch ein, Du wirst nunmehr in Friedens-Hütten wohnen.
Das Wetter sieht zwar ietzt gar rauh' und windicht aus,
Doch wird Dich Reif und Eiß in seinen Armen schonen.
O wohl versorgtes Paar! wie manchem wird anietzt
Der Kuß, den Du vermählst, die Lippen lüstern machen,
Denn wer, wie dein Genuß, bey solcher Tassel sitzt,
Der hat es Macht und Recht die Mißgunst auszulachen.
Ich gönn' es Dir so lieb, als keinem auf der Welt,
Und wünsche dir den Thau von Hermons nassem Seegen.
Wenn anderwärts ein Bruch getrennter Wolcken fällt,
So übergieße Dich ein milder Abend-Regen.
So viel mein Phœbus ietzt gereimte Sylben macht,
So offt berichte mir die Antwort Dein Vergnügen.
Es wird der Braut zulang; drum schlüß' ich denn die Nacht
Begehrt von Ihr ⹀ Genug. Ihr Musen seyd verschwiegen.

Hochzeitsgedicht Hanck/Klingner, S. 4
Nur fort! verdroßner Gaul; kein Zittern hemmt den Frost, Z. 59–76

Abb. 131

131

Herr Bruder

Gotthülff

guck einmahl
Auf diese späte Zeilen,

Von Liegnitz biß in Jochims-Thal

Sind 42. Meilen.

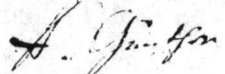

Promotionsgedicht Baudiss vom Febr. 1719, S. 1
Vgl. Band II.1, S. 264–266

Last sehn wer unter euch am ersten fertig sey,
Macht fort, Ihr Mädgen! eilt und schaft den Crantz
herbey,
Die erste so ihn bringt, verspitzt euch auf die Gaben,
Soll einen Mann davor noch diese Faßnacht haben.
O ho! wie lauffen sie, o welcher Schwarm ist da;
Herr Bruder! folge mir und tritt anitzt nicht naß,
Sonst kommt dein junges Haupt in dieses Lust-Gedränge
Und wird vielleicht wohl gar von solcher Blumen-Menge,
Wie jene Römerin von güldner Beuth', erstickt;
Jedoch o sanffter Tod! wen so ein Schatz erdrückt
Dem wird der Parzen Schaar zu holden Charitinnen,
Er aber fährt mit Lust wie Curtius von hinnen.
Geschertzt ist nicht geschimpfft. Allein den Schertz beyseit
Herr Bruder! sage mir wie lebstu in der Zeit?
Was plagt? was ficht Dich an? Die Handvoll Ruhm-
Violen
So langsam und so spät am Helicon zuholen.
Du weist ja wer Du bist du bist Asträens Mann,
Die in der Christenheit kein Kebs-Weib leiden kan,
Und schämst Dich gleichwohl nicht, auch wieder dein Ge-
wissen
Diß Fieckgen herzuziehn und neben bey zu küssen.
Gut, daß die erste Frau verbundne Blicke trägt,
Sie hätte, säh sie diß, den Kram gewiß gelegt,
Und würde, wenn Du so mit andern zugehalten,
Durch ihr gerechtes Schwerdt, das neue Bündniß spalten.
Jedoch so schlecht sie sieht, so sieht sie mehr als du
Denn itzo eilt dein Hertz nach einer Dirne zu,
Der jeder Knoblochs-Kopff biß an den Nabel gucket
Und jeder Galant honnet in Aug und Antlitz spucket.
Wenn ich was lieben soll, so bild ich mir stets ein
Es müsse schön und zart und jung und niedlich seyn

Promotionsgedicht Baudiss vom Febr. 1719, S. 2
Last sehn, wer unter euch am ersten fertig sey, Z. 1–30

Abb. 133 133

Allein, ich bitte Dich, mit waß kan Fieckgen reitzen
Sie stinckt nach Schweiß uud Oel wie angebrandter
Weitzen
Und wie der Schlaff-Rock roch, indem sie manche
Nacht
Dem Aristoteles den Schnabel warm gemacht;
O laß das wilde Ding du siehst es buhlt mit Leuten,
Die kaum noch trocken sind, und hat vor alten Zeiten
Den hündisch-groben Kerl im Fasse so geleckt
Daß letzo noch ihr Mund nach Tonnen-Käse schmeckt,
Den dort ihr Courtisan durchs Spundloch angenomen,
Wenn eine Heerings-Frau zum weisen Meister kommen.
Sie leugnet selber nicht und nimmt den Titul an
Daß was uns noch an ihr mit Recht vergnügen kan
Sey ausgelecktes †Zeug.   Vom Cares nichts zu sagen
Der ihre Schand entdeckt und allen feil getragen.
Bekehrt Dich diß noch nicht und hastu gleichwohl Lust,
So glaub ich daß du wohl viel Mitgifft suchen mußt
Allein was ist ihr Schatz? ein tausend auf Papiere
Ein kalt und saurer Rausch von ihrem Hochzeit-Biere
Ein halb Collegium, ein klein und blauer Hut,
Der wieder Frost und Schweiß gar schlechte Dienste thut,
Ey nimm doch Warnung an und laß sie ungeschoren,
Die Themis, so Dich längst vor ihren Leib erkohren,
Sieht schön und besser aus und schenckt dir höhern Rang
Als jener Zwytrachts Sitz der Opponenten Banck
Wo Warheit lügen muß und Menschen dieser Erden
Wie dort beym Daniel gar offt zu Rindern werden.
Jedoch Du bleibst darauff und hälst mich in der Still
Vor einen, welcher Dir die Lust nicht gönnen will,

* Philosophia Eclectica.

Promotionsgedicht Baudiss vom Febr. 1719, S. 3
Last sehn, wer unter euch am ersten fertig sey, Z. 31–58

Allein Du lieber Freund! dein Argwohn sticht darneben,
Ich wünsche Dir vielmehr das allerbeste Leben
Und Ehr und Lob dazu.   Wie ist mir? treff ich doch
Die Ursach deines Zwecks, gar recht, nun sprech ich noch
Du thust so schön als wohl; Geh itzt und laß dich crönen,
Ich hör am Helicon die Instrumente thönen,
Und Phöbus, wie mich deucht, theilt seinen Lorber Strauß
Den Händen vieler Müh mit Seegens-Sprüchen aus.
Geh greiff und nim ihn mit und laß die Mißgunst schwär-
men,
Es sticht sie um das Hertz es reist sie in den Därmen,
Diß thut des Nächsten Ruhm.   Verdient man nur den
Preiß
So macht uns wohl kein Groll der frechen Tadler heiß,
Und deine Würdigkeit ist nicht von jener Sorte,
Die ihren Unverstand in hochgesuchte Worte
Und tieffe Rede hült, damit man meinen soll
Sie sey von Wissenschafft wie Mops von Flöhen voll,
Daher hat offtermahls die Unschuld mit zu leiden,
Doch Phöbus kan gleichwohl die rechten unterscheiden.
Durch Dich und deinen Fleiß beweiß ich diesen Schluß:
Daß Weißheit eben nicht in Bärthen schimmeln muß,
Und das sie sich so gut in eine Staats-Parücke
Als in den Bettelsack der Schul-Monarchen schicke.
Ein Carmen ohne Wunsch ein Manteau ohne Schweiff
Sind wieder unsern Staat, drum glaube fest und steiff
Das Glücke werde mich in diesem noch erhören
Und eh ein Herbst vergeht den dritten Krantz verehren.

Promotionsgedicht Baudiss vom Febr. 1719, S. 4
Last sehn, wer unter euch am ersten fertig sey, Z. 59–84

Abb. 135 135

Als

Tit. Tit.

H T R R

Johann George

Löbin,

S. S. Theologiæ Candidat.

Nach rühmlich = vollbrachten

Studiis Academicis

Sein

Geliebtes Vaterland Schlesien

MDCCXXI.

Wiederum besuchen wolte,

Begleitete Ihn ein aufrichtiger

Schlesier.

Leipzig,
Gedruckt bey Immanuel Tietzen.

Geleitgedicht Löbin von 1721, S. 1
Vgl. Band IV.1, S. 244–246

Vertrauter Hertzens-Freund,
Es ist als wenn ichs wüste,
Es sey noch Platz genung in Deiner Bücher-Küste
Und was Du irgends hast, vor dieses schlechte Blat
Was Dir Dein Jonathan aus Treu geschrieben hat.
Ich weiß wohl, daß Du wirst in Deinem Hertzen sagen,
Muß diesen auch der Geist der Meister-Sänger plagen,
Der keine Griffe weiß, der mit dem Hübner spielt,
Und keinen Funcken Trieb in seinem Busen fühlt?
Kehr um, und bitt mirs ab, und schlag Dich auf die Lippen,
Es pocht auch noch ein Hertz in meinen obern Rippen
Das voller Freuden hopfft, wenn Nasons Leyer klingt,
Und wenn Virgilius zu seiner Flöthe singt.
Ich hör' es hertzlich gern wann ich beym Tinten-Fasse
Mir offt den Claudian mit Lust erzehlen lasse,
Wie Pluto voller Brunst die Seegel aufgeschnürt
Und ohne Eh'-Contract Proserpinam entführt;
Und wie des Enacks Brut die allerstärcksten Riesen
Die Kräffte durch den Sturm des Himmels uns bewiesen,
Wie Thebe übermannt und zum Accord gethan,
Diß alles hört mein Ohr mit Furcht und Freuden an.

Geleitgedicht Löbin, S. 2
Vertrauter Herttzens-Freund, Es ist als wenn ichs wüste, Z. 1–20

Abb. 137   137

Die Deutschen denen wir die Poesie zu dancken,
(Betrachte nun behertzt den engen Bücher-Schrancken,)
  Sind Opitz, Lohensteins und Hofmanns hoher Geist
  In welchen Neukirchs Kiel der Deutschen Künste weist.
Du siehst die Gryphier mit unverwelckten Kräntzen
Durch Moder, Asch und Grufft in ihren Schrifften gläntzen,
  Was Flemming aufgesetzt und Schmolck geschrieben hat,
  Verschweigt aus Ehr und Furcht dis schlecht und enge Blat.
Was hälst Du nun von mir? Hier liegen Hochzeit-Lieder
Und dort ein Manuscript, so nur vertraute Brüder
  Zum Zeit-Vertreib gemacht, als Thisbe schlaffen ging
  Und Lalage den Korb vom Priamo empfing.
Solt ich nun, Hertzer Freund, nicht wider meinen Willen
Offt Kopff und Kiel und Blat mit lauter Versen füllen?
  Ich muß ja ein Poet bey allem Hencker seyn
  Und singte auch Hanß Sachs durch mich ein Liedelein.
Jedoch davon genung, diß wird Dich nicht ernähren
Und mir auch keinen Krantz und Eichen Laub gewehren;
  Wir müssen erbar thun, die Welt hat Augen kriegt,
  Und sieht mehr als zu wohl wer frembde Aecker pfliegt.
Es sind schon funffzehn Jahr, daß ich, mein Freund, Dich keñe
Und nach der Freunde Art, vertrauter Bruder, nenne:
  Wie sauer gings uns ein, wenn Disco uns zu schwer,
  Und wie gefiel Dir das? mein Pursche halt nur her?
Jedoch wir schlugen uns wie junge Argonauten
Durch Wellen, Sturm und Wind, weil wir was bessers
                                              schauten,

Geleitgedicht Löbin, S. 3
Vertrauter Herttzens-Freund, Es ist als wenn ichs wüste, Z. 21–46

Das war das Paradieß, so an der Pleiße liegt,
Allwo wir jeden Schlag auch mit Gedult besiegt.
Hier sind wir beyderseits offt durch das Schilff gedrungen,
Die Iris ward von uns, und ihr Castell besungen;
    Hätt' man uns nicht gestört, so wär es wohl geschehn
    Daß man in Griechen-Land uns beym Apoll gesehn.
Wer war an Ruh' uns gleich? wenn wir nun also reimten
Bald vom Vesuvio und seinen Flammen träumten,
    Die Parcen ausgestäupt, den Cypripor verjagt,
    Und uns mit Flöth' und Kiel biß Troja hin gewagt.
Wenn wir durch unser Lied das Schicksal fort gewiesen,
Den Piramum beklagt, so ging es zu vor diesen;
    Allein itzt fällt mein Kiel und alle Arbeit hin,
    Da Du, **mein Hertzens Freund**, wilst von der Seite
        ziehn.
Geh', Ehrlicher Löbin, nachdem Du an der Pleiße
Genung gelernet hast, und wenn von Deinem Schweiße
    Ein Tropffen abwerts fiel, so netzte er ein Feld
    Von welchem Deine Hand der Weißheit Frucht erhält.
Du hast genung gelernt, das kan ich nicht verschweigen,
Geh' hin, Du wirst mit Grund den Vätern können zeigen
    Daß wahre Wissenschafft auch keine Zauberey
    Wofern die Gottesfurcht der Weißheit Anfang sey.
Du aber denck an mich, es wird doch wohl geschehen
Daß ich und David einst einander wieder sehen;
    Indessen liebe den, der Dich geliebet hat,
    Und damit fahre wohl, da hast Du nun mein Blat.

Geleitgedicht Löbin, S. 4
Vertrauter Herttzens-Freund, Es ist als wenn ichs wüste, Z. 47–72

Abb. 139   139

Das
wider viele ungegründete Vorwürffe
vertheidigte Frauenzimmer.
Bey der doppelten
Aßmannischen
Verbindung
in Liegniß
den 7. October 1721.
Joh. Christian Günther,
Poet. Cæf. Laur. Med. Cand.

*Sen. de Ira: Si volumus æqvi omnium rerum judices eſſe, hoc primum nobis
ſvadeamus, neminem noſtrum eſſe fine Culpa.*

❧❦❧❦❦·❧❦❧❦*❧❦❧❦·❧❦❧❦

Kaum hatte der *galante* Träumer am Briegschen *Pindus* Lerm ge-
macht/
Und überhaupt viel derbe Pillen dem Frauenzimmer beygebracht/
Als dieses/ voller Schaam und Zorn/ Zwirn/ Rähme/ Flachs und
Putz verfluchte/
Und nun auch einmahl öffentlich sein Recht mit Ernst und Demuth suchte.
Die Billigkeit saß auf dem Throne/den Gold und Ceder Laub umwandt/
Und gab der Keuschheit und der Liebe auf beyden Seiten Platz und Hand/
Die Unschuld führte zur Verhör/ zu welcher Frau und Jungfern kamen;
Die Wahrheit drang sich hitzig vor und sprach darauf in aller Nahmen :
Der Frevel unverschämter Federn/ der dies gedrückte Volck betrübt/
Und allzeit seine Läster-Pfeile nur bloß am schwachen Werckzeug übt/
Schwächt endlich Langmuth und Geduld und zwingt mich/ bey gerechten
Der Männer Schuld und Eigensiñ dir/grosse Göttin/vorzutragen; (Klage/
Sie meinen/ jeder so/ wie alle/ vom Paradiese bis hieher/
Als ob das weibliche Geschlechte zur Sclaverey erschaffen wär/
Und schützen Evens Schwachheit vor/wodurch wir/wie sie thöricht wollen/
So wohl an Großmuth/als Verstand geringre Kräffte zeigen sollen.
Aus diesem unbewiesnen Satze hat alle Zeit und jedes Land
Witz/ Vorrecht/ Herrschafft/ Ruhm und Freyheit allein dem Hute zuerkañt/
Und/ wenn sich dañ und wañ ein Weib zu Stahl und Kiel geschickt bewiesen/
Es vor ein schönes Ungeheur und Blendwerck der Natur gepriesen.
                                                   Daß

Hochzeitsgedicht Aßmann/Aßmann vom Okt. 1721, S. 1
Kaum hatte der galante Träumer am Briegschen Pindus Lerm gemacht, Z. 1–20
Vgl. Band IV.1, S. 354–371

Daß jener Narr/ aus blinder Boßheit/ ein Weib und Vieh vor eins erklärt/
Das ist vielmehr der schärffsten Peitschen/ als vieler Wiederlegung werth;
Und daß *Poeten* insgemein der Mägdgen Keuschheit durchgezogen/
Beweist nichts/ weil sie auch wohl eh den Göttern Laster angelogen.
Ich steh zwar itzt nicht hier zu loben/ doch wär es mir so süß als leicht/
Nach manch Verdienst heraus zu bringen/ vor dem das Manns-Volck Se-
                gel streicht;
Gesetzt/ ich hätte weiter nichts/ so dürfft ich nur die Schönheit mahlen/
Die netten Züge saubrer Haut/ die volle Brust/ die scharffen Strahlen/
Der *Minen* stumme List und Stärcke/ Gang/ Wendung/ Glieder uñ Person/
Den Geist und Nachdruck süsser Worte/ mit diesem allen könt ich schon
Euch und die falsche Pralerey/ ihr blinden Spötter/ leicht beschämen.
Ihr lehret selbst: Wer andre zwingt/ der kan mit Recht den Scepter nehmen:
Nun sagt mir/ wer den grösten Helden das Mord-Heft in der Faust erschreckt
Den Weisesten der Welt verführte/ und *Cyrum* in den Sack gesteckt?
Sinds nicht die Engel schöner Art/ um die sich viele Krieg entspinnen
Und die/ wie *Phrynens* blosse Brust/ mehr/ als die Rede-Kunst gewinnen?
Auch kömt ihr Vorzug nicht auf Farben und so ein flüchtig Schein-Gut an;
Ihr habt auch nicht allein den Grütze/ der scharff und zierlich dencken kan/
Und das/ was in der lincken Brust von Blut und Ehrbegierde schläget/
Hat auch durch ihren Arm vorlängst viel tapffre Schulen abgeleget.
Bevor ich alles deutlich machte/ verlöhre sich gewiß der Tag/
Daher ein jeder der es fordert/ die Zeit-Register fragen mag/
Ich wett/ es ist kein Volck so arm/ und keine Landschafft so geringe/
Das nicht noch manche Schurmannin so gut/ als *Amazonen* bringe.
Nur eins aus allen anzuführen: Man darff nur itzt zur Oder gehn/
Und hören/ was vor nette Lieder der Deutschen *Muse* Ruhm erhöhn/
Die/ glaub ich/ druckte sie nun nicht viel Trauren/ wie die Kranckheits Bürde/
Der Schweden kluge Brennerin in kurtzen überholen würde.
Ja/ sprecht ihr/ dies sind weisse Raben/ und gegen eine/ die was nützt/
Stehn allzeit tausend solche Klötzer/ woraus man keine Tugend schnitzt.
Das danck euch Männern sonst jemand! Euch die ihr/ nach verdamter Mode/
Der Mägdgen Geist mit Fleiß erstickt. Sie wachsen stets in eignem Sode/
Und werden unter Rauch und Küche zur Niederträchtigkeit gewöhnt/
Und wenn sich auch ein frey Gemüthe bald von Geburt an höher sehnt/
So lehrt man solches doch wohl nichts als etwan Hand und Röcke falten/
Und läst den angebohrnen Trieb bey Wäsche/ Flachs und Heerd erkalten/
So listig schützt sich eure Tücke. Denn lernten sie zuviel verstehn/
So habt ihr Furcht/ sie möchten endlich mit Schluß uñ Dencken weiter gehn/
Das Erb-Recht der Natur durchsehn/ die allgemeine Freyheit finden/
Und dies von euch gestohlne Gut euch wieder aus den Händen winden.
Man läst euch gern der Ordñung wegen das Schutz-Amt uñ das Regiment
Damit ihr uns und unsre Wohlfahrt in Fried und Ruh erhalten könnt/
Dies Vorrecht habt ihr durch Vertrag/ nicht aber von Geburt bekommen/
Durch die ihr ja so gut/ als wir/ an Adams Schwachheit Theil genommen.
Ich weiß/ dein Beyfall/ grosse Göttin/ versiegelt/ was ich hier gesagt;
Nun aber höre/ welcher Vorwurff das arme Volck am meisten plagt/
Und du/ o Liebe/ mercke drauf/ wieviel es deinetwegen leide.
Die Welt ist voller Unbestand/ und wechselt plötzlich Angst und Freude   In

Hochzeitsgedicht Aßmann/Aßmann, S. 2
Kaum hatte der galante Träumer am Briegschen Pindus Lerm gemacht, Z. 21–68

Abb. 141   141

In groß/in klein und mitlern Ständen/ vornehmlich aber in der Eh/
Von der der Wahlspruch also lautet: bald Sturm/ bald Stille/ wie zur See.
Der Anfang wil zwar allemahl den Rest der güldnen Jahre zeigen/
Die Braut-Nacht ist ein Theil davon/ da hängt der Himmel voller Geigen;
Doch tritt man aus der Flitter-Woche/ so kömt das Haus-Creutz nach uñ nach
Und freucht mit samt dem neuen Paare in Kleider/ Bett uñ Schlaf-Gemach.
Der Hiñel schickt den Seegens-Thau/ vermehrt den Tisch und füllt die Win-
Die gute Caja sorgt und weint/ der Mañ bekömt den Kuñier-Schwindel/ [del/
Viel andrer Unruh zu geschweigen/ die theils das Unglück mitgebracht/
Theils aber auch/ und zwar zum öftern/ das liebe Paar sich selber macht/
Voraus wo Streit und Eigensinn zween harte Steine mahlen lassen
Und Zancksucht/ Blindheit und Verdacht ein jeder Wort in Boltzen fassen.
Ich rede nicht vor alle Dirnen/ es giebt auch Trespen unter Korn/
Und unter einem Arm voll Garne sind wenig Fäden leicht verworrn/
Wer aber wird wohl eines Baums und einer schlechten Garbe wegen
Den gantzen Garten niederhaun und Feuer in die Scheuren legen?
Ein jeder schämt sich dieser Thorheit/ doch schämt sich die Verleumdung nicht
Der gantzen Heerde Schuld zu geben/ was ein verirrtes Schaaf verbricht/
Das heist: kein Fehler und kein Fall ist so betrübt und groß im Lieben/
Er wird stets eintzig und allein den Frauen auf den Kerb geschrieben/ (schweigt
Und kommt der Schmähsucht auf die Zunge/ die von der Mäñern Lastern
Und an den grösten Schönheits-Sonnen geringe Flecken hönisch zeigt.
So ist die Welt Schlaraffen-Land/ in dem sich Straff und Recht verkehren/
Den Tauben Kopff und Hals verdrehn/ den Raben freyen Flug gewehren.
Kein Weib ist itzt so gut und artig/ kein schönes Kind so fromm und jung/
Ein Meister-Sänger macht sich drüber und führt es durch die Musterung;
Da werden Gang/ Gestalt und Tracht vom Bande/ das den Aufsatz schmü-
Bis auf den Unter-Rock von Filtz so/ wie der Wandel durchgerücket; (cket/
Womit sich mancher Mann noch rühmet und oft wol gar sein Glücke macht/
Das nimmt der Neyd an ihren Bildern mit Abscheu oder Hohn in acht.
Ein Unschulds-voller Freundschaffts-Kuß/ und dies zwar offentlich im spiele/
Soll gleich den lieben Crantz verdrehn und bald auf etwas anders zielen.
Da heist die frey und muntre Doris ein unverschämt und frecher Sinn/
Nerine singt und lebt im Stillen/ und wird dadurch zur Qväckerin/
Bescheiden nennt man affectirt, galante Briefe Satans Possen/
Vernünftig schwatzen super-klug und freundlich schertzen halb geschossen.
So schimpfft/ so schilt man auch die Beste/ ja wo nur drey Pedanten stehn/
Da muß so gar im Kirchen-Stande die Pfarr-Frau durch die Hächel gehn.
Die Jugend schminckt ein liebreich Kind/ die Rosen wollen täglich brechen/
Da schwärmen Huñeln um den Strauch/ ein frisches Honig aus zustechen.
Trifft mancher Grobian nicht Kegel und fällt nicht gleich ein holdes Ja/
So ist das Feuer in dem Dache und dieses Rach-Wort flüchtig da:
Auf was verspitzt sich wohl der Alp? Nach welchem Doctor steht die Nase?
Ergiebt sich andern theils ihr Hertz/ nachdem ihr ein verliebter Haase/
Der auch die Mutter schon gefesselt/ mit viel Betheurung zugesetzt/
So heists: Was thäte der den Kitzel mit Dorn und Nesseln abgewetzt!
Kurtz: wolt ich nach der Ordnung gehn/ so würd ich Sprach und Krafft ver-
Und dennoch/ Göttin/ alle Qvaal dir nicht genug zu Hertzen führen (lieren/
                                                                        Ach!
                              X 2

Hochzeitsgedicht Aßmann/Aßmann, S. 3
Kaum hatte der galante Träumer am Briegschen Pindus Lerm gemacht, Z. 69–116

Ach! zeig doch endlich deinen Eifer und ändre den verkehrten Lauff/
Und deck auch einmahl uns zum Troste die Schande solcher Spötter auf/
Von dieser stehn hier/ wie du siehst/ zwey Hauffen wohlerfahrner Zeugen/
Vergöñe Zutritt/ Ohr und Rath und laß mich itzt mit Hoffnung schweigen.
Die Wahrheit schwieg/ die Göttin winckte/ da trat zu erst der Jungfern Chor
Und unter diesen *Amarillis,* so wie der Mond den Sternen/ vor.
Das Antlitz war voll Majestät/ der Mund bewies des Geistes Feuer
Und sprach: Mein Alter ist nicht hoch/ doch hab ich schon so manchen Freyer/
Ohn Absicht/ einem zugefallen/ genau und sinnreich ausstudirt/
Und so viel Sparren angetroffen/ als hier mein Aufputz Nadeln führt.
Der eine war schon weit gereist/ und doch auf nichts als Griff und Lecken/
Die Ficken musten voller Band/ das Maul voll Zimmt und Zucker stecken/
Drey Stunden rieb er vor dem Spiegel an Krause/ Weste/ Knopff und Haar/
Er roch nach gantzen Apotheken/ und wo er in Gesellschafft war/
Da musten *Dose,* Stock und Uhr den Fingern stets zu spielen machen/
Um nur der Dinge Prahlerey zu schätzen/ oder zu belachen. (Haut/
Vom Schröpffen trug er meinen Nahmen'in Blut und Stichen auf der
Talander gab ihm Kunst und Reden/ so offt er mich/ als seine Braut/
Wie *Molierens Harlequin* halb tantzend durch die Gassen führte/
Und/ wenn mein Eckel sein Gesicht mit etwas spröden *Minen* rührte/
So *bombardirt* er mich mit Fragen/ strich Schlaff und Puls mit Balsam ein
Uñ sprach: *Ma chere ma charmante,* was fehlt? was ists? was fällt ihr drein?
Wie hälts/ *Mon Coeur?* Sie werden blaß. *Mon Dieu* ach! habe doch erbarmen/
Mon Ange fasse nur den Arm. Ach Himmel! welch ein trostlos *Carmen*
Erzwäng ich/ wenn sie itzo stürben? Ach! lassen sie mich doch verstehn?
Was jetzt vor traurige *Penseen* in ihrem *Cerebellgen* gehn.
Ihr Diener ist ja wohl nicht schuld/ wofern sie heut *malade* schlaffen?
Sie sagen/ bin ichs in der That/ so sol mich gleich der Dolch bestraffen.
O! dacht ich damahls: nur hinunter/ es hat noch Hasen auf der Welt.
Und das ich hierbey nicht vergesse/ was mir bis itzt noch wohl gefällt/
So küßt er meinen kleinen *Mops,* den schon das Alter abgefressen/
Zum Zeichen der *Submißion,* an meiner statt mit viel *Caressen.*
Ich ließ den Stockfisch in das Wasser/ das ist/ ich zwang ihm Thränen ab/
So bald ich ihm recht *a la Mode* den Korb mit keinem Boden gab.
Der andre war ein Geld= *Galan* von ziemlich starckem Schrot und Korne/
Und mochte noch so heilig thun/ so sah der Sparren doch von forne/
Wer hier nur Kleid und Hut erblickte den nahm der Durst bald hitzig ein/
Und/ daß ich viel in wenig schlüsse/ er war ein *Philosophisch* Schwein/
Dazu schon längst *gegraduirt,* mit züchten sag ich ein *Magister.*
Er wolt in Gottes Schaf=Stall ziehn/ und weil man itzt die tümisten Priester
Nur durch den Beutel *ordiniret/* er aber ehmahls von *Athen* (gehn/
Durch Kind und Schuld gezwungen worden bey Nacht und Nebel durch zu
So warb er viel/ die sich bey mir um Vorschuß/ Gunst und Hertz bemühten
Um/ in der heilgen *Auction* den Würdigsten zu überbieten;
Allein ich wies ihm bald die Thüre und hätt es doch noch nicht gethan/
So aber stund mir/ deutsch zu sagen/ sein gantzes Wesen gar nicht an;
Warum? Er war der klare Kern von jenen alten Junggesellen/
Die in der ersten *Classe* schon/ die Mädgen um viel Weiszeug schnellen/

                                                    Ihr

Hochzeitsgedicht Aßmann/Aßmann, S. 4
Kaum hatte der galante Träumer am Briegschen Pindus Lerm gemacht, Z. 117–164

Abb. 143   143

Ihr Hertz mit Blut uñ Fluch verschreibẽ (wie hier noch M-Handschrifft zeigt
Der unter einer Leinwand Schürtze durch Meineyd auf die Cantzel steigt)
Und nachmahls/ wenn sie Glück und Stern dem Fürsten an die Seite setzen/
Das Kind/ so ihnen treu gedient/ wohl kaum des Ansehns würdig schätzen.
Ich hörte nächst mein blaues Wunder/ wie schön es dieses Völckgen macht/
Das draussen auf den hohen Schulen noch mehr bey Glas/ als Büchern
GOtt weiß/ wer ihre Muhmen sind/ wovon sie uns so viel erzehlen; (wacht;
Der Schweiß der Eltern wird verkocht/ die sich daheim mit Sorgen qvälen/
Der Hausrath wandert zu Gevattern/ der Bursche lermt/ fährt aus und haust
Mit Wirthen/ Pferd uñ junge Mädgen/ und/ weñ er biß an Morgen schmaust
So reißt hernach das starcke Bier Tisch/ Bäncke/ Krug und Ofen nieder/
Und schreyt: auf! Bruder auf! ein Weib ein reiches Weib bringt alles wieder.
Verspitzt euch nur ihr guten Schlucker/ wir sind nicht eben alle tumm.
Hier fiel die Klugheit in die Rede und wandte gleich den Seiger um/
Und ließ/ als *Amarillis* schwieg/ die Frauen auch den Vortritt nehmen.
Armide nahm den ersten Rang; die Röthe wieß ein ehrlich Schämen;
Die Wehmuth sah ihr aus den Augen/ doch blieb die Bildung hold und nett.
Ach! Göttin/ fieng sie an zu klagen/ ach! könt ich doch im *Cabinet*
Und in der stillen Einsamkeit mein Elend scharff genug beweinen.
Mein schönstes Alter stirbt in Gram/ und niemand kan noch darff es meinen
Und niemand darff noch sol es wissen/ du Himmel weist es/ dessen Zug
Mir/ als ich mich zur Heyrath schickte/ so Aug als Hertz mit Blindheit schlug.
Ich war/ doch sonder eigen Lob/ so klug/ als ehrlich auferzogen/
Die Brust war zärtlich und getreu/ das Glücke schien mir auch gewogen
Und gab mir von der Eltern Seegen ein ohne Sünd erlangtes Gut;
Die Buhler kamen schön und häuffig/ doch keiner steckte Fleisch und Blut
Mit gleich gesiñter Neigung an; Misander kam und stahl mein Hertze/
(Gedenck ich itzt an jene Zeit/ so berstet fast die Brust von Schmertze)
Misander war mein erster Liebster und solt es biß zum Grabe seyn/
Sein höflich und verstelltes Wesen nahm Augen Ohr und Sehnsucht ein/
Da war kein schön/ kein zärtlich Wort/ kein hoher Schwur/ kein feurig Küssen/
Wodurch er mir nicht stets die Lust von unsrer Ehe vorgerissen/
Ich schloß ihn brünstig in die Armen/ Ein Jahr floß leider kaum vorbey/
So offenbahrten sich die Klauen der hinterhaltnen Tyranney.
Ich war so ehrlich/ so vertraut und gab ihm alles zu verwalten/
Und dachte/ wer mein Hertz besitzt/ der kan auch wohl dein Guth behalten;
Itzt strafft die Nachreu meine Thorheit/ itzt/ da mein vorig Engels-Bild
Mich stets mit Satans Larven schrecket. Kein Bär/ kein Tyger ist so wild/
Als itzt Misander brüñt und schäumt/ so offt mir eine Klag entfähret/
Nun muß ich statt der Danckbarkeit/ das er mein Erbtheil ausgezehret/
Die Grillen und den Groll entgelten/ womit ihn Noth und Armuth preßt;
Vor diesem prahlt er mit *Processen*/ itzt/ da ihn seine Kunst verläßt/
Sind alle *Sporteln* durch das Jahr nicht mehr als zwey und funffzig Wochen
Wovon wir keinen Fest-Tag sehn und wenig fette Suppen kochen.
Wenn andern ihr gelehrtes Schwitzen die *Acten* mit Ducaten füllt/
Steht er an der Thüre pfeiffen und fragt/ was Holtz und Haber gilt/
Bald jagt er mich mit Hund und Magd durch alle Zimmer biß zum Heerde/
Bald spitzt und lacht er hönisch drein/ wodurch ich mehr gemartert werde/

)(3   Als

Hochzeitsgedicht Aßmann/Aßmann, S. 5
Kaum hatte der galante Träumer am Briegschen Pindus Lerm gemacht, Z. 165–212

Als qvetschte mir ein peinlich Fragen Fleisch/ Adern/ Bein und Marck ent=
Und ko̅mt er langsam von dem Truncke/ so sucht er seine Raserey/   (zwey
Nachdem die Magd nicht recht gewollt/ an meiner Unschuld aus zugiessen;
Verlier ich nur ein eintzig Wort/ so wil er grausam haun und schiessen;
Ich denck/ ich thu ihm nach dem Wincken/ so gut und schön ich immer kan/
Und wär es noch so wohl 'gerathen/ ists dennoch keinmahl recht gethan.
Hier schloß ein tieff gehohltes Ach! *Armidens* Wehmuths volle Lippen.
Calliste nahm hierauf das Wort und sprach: ein Post=Pferd hat noch Krippe̅/
Woran es unter Stroh und Futter den schlimsten Weg in Ruh verschmertzt;
Ich ärmste bin ein Ball der Schickung/ die gar zu scharff und grausam schertzt.
Mein Grau=Kopff/ welchem mich der Zwang bethörter Eltern angehangen/
Und dem ich gleichwohl auf ihr Wort mit Lieb und Hülffe zugegangen/
Der Grau=Kopff qvält mich in der Seele durch Boßheit/ Geitz uñ Eifersucht/
So offt sein niederträchtig Hertze/ aus Mißgunst auf den Nächsten flucht.
Im Canitz las ich erst jüngst hin/ was *Harpax* vor ein Thier gewesen;
Ach! hätte Canitz den gekannt/ so würden wir was ärgers lesen.
Er gönnt sich selbst kaum einen Bissen/ und überzehlt nur stets sein Geld
Mit Fluchen/ daß ihm GOtt und Glücke die zehnde Küste ledig hält/
Mir wirfft er offt die Armuth vor/ und hütet mich durch böse Leute/
Damit nur Hunger/ Blöß und Noth nicht etwan Fleisch und Blut verleite;
Er traut mich kaum allein zum Beichtstuhl/ und wenn mein Bruder mit mir
So mißt er mich nach seiner Elle/ und traut so gar dem Bruder nicht; (spricht/
Vergeß ich mich von ohngefehr und lache mit vergnügtem Blicke/
So schmeist er plötzlich mit der Hand und aus dem Bette mit der Krücke;
Da muß ich vor den kalten Götzen dem Himmel um Gesundheit flehn
Und nachmahls/ weñ die Gicht vergangen/ ohn Einspruch und Empfindung
                                                 sehn

Wie schön die gröbste Bauer=Magd auf der vor mir verschloßnen Tänne/
Aus Hoffnung seines Testaments/ den alten Sperling sticheln könne.
O! Himmel wie vergnügt/ wie ruhig/ wie reich/ wie seelig wolt ich seyn/
Gelänge mir nur noch mein Wünschen/ auch in ein Hirten=Haus zu freyn/
Und da bey Wasser/ Saltz und Brod im dunckeln Thal uud wüsten Heyden
Mit einem der so liebt/ wie ich/ die Lämmer wie mein Hertz zu weyden.
Ach! Frau Gevatter/ fiel *Clarinde Callisten* plötzlich in das Wort/
Ists Ernst/ so wil ich sie begleiten. Verdruß und Unmuth jagt mich fort;
Der Mañ giebt Frauen Glantz und Ruhm/ mein Mops gebiehrt mir nichts als Schande/
Und ausser ihm lebt wohl fürwahr kein ärgrer Nabal in dem Lande;
Schlaff/ Essen und im Bette thalen ist alles/ was er thut und weiß/
Die Leute scheut er/ als ein Wilder/ und wenn mein Anschlag und mein Fleiß
Aus Vorsicht ihn zu rathe zieht/ wie diß und jenes auzufangen/
So mag ich noch so freundlich thun/ ich werde keinen Zweck erlangen;
Ko̅mts hoch/ so ist ein Achsel=Zücken und mürrisch: Mags doch/ sein Bescheid;
Die Knechte läst er sich vexiren/ beseh nur ich nicht Wäsch und Kleid/
So ließ er/ glaub ich/ beydes gar aus Fäulniß von dem Leibe fallen;
Ja manchmahl thät es gar wohl noth/ ihm Schuh und Hosen loß zu schnallen.
Es rührt ihn weder Lust/ noch Kummer/ doch schielt er allzeit/ wie ein Bock/
Und steht bey seiner Brandtwein Bulle noch steiffer als mein Hauben Stock.
So daß ich/ wenn ihn Freund und Fest bißweilen in Gesellschafft zwingen/
Vor Schaam und Ergerniß kaum weiß/ den Mops mit Ehren fort zu bringen.
Da hörst du selber/ grosse Göttin/ so brach die Wahrheit endlich aus/
Wie weit der Männer Unschuld reiche/ damit sie uns den Palmen=Strauß
                                                     Von

Abb. 145 145

Von Tugend/ Weißheit und Vernunfft aus Hand und Hoffnung reissen wollen/
Da doch die meisten ihrer Zunfft auf tausend Arten gröber rollen.
Sie hencken freylich aneinander/ wie Frosch-Leich und wie junges Meoß/
Entführen uns dazu die Waffen und brechen allzusammen loß/
Nachdem sie etwan hier und dar ein Frauenzimmer irrt und wehret/
Wenn allzustrenge Grausamkeit Gehorsam in Verbittrung kehret.
Ach steure doch dem langen Ubel/ das alle Rechte nieder schlägt/
Und drohe beyderley Geschlechten/ bis eins des andern Schwachheit trägt/
Sonst dürffte wohl der beste Kerl kein treu und frommes Weib mehr kriegen
Und alle Freundschafft aus der Welt/ wie ich und du/ vorlängst/ entfliegen.
Hier fielen nun die Klägerinnen/ zusamt der Warheit auf das Knie/
In Demuth also zu erwarten/ wie viel der Vortrag Wucher zieh.
Die Billigkeit verließ den Thron/ vor welchem auch der frechste Sünder
Muth/ Heucheley und Hertz verliert/ und hob die angenehmen Kinder
So schnell/ so liebreich/ so gelassen/ als Carlens Majestät erscheint/
So offt Sein hold und liebreich Auge den einmahl überwundnen Feind
Durch Gnade zur Erkänntnüß bringt/ und weil ER hier vor GOtt regieret/
Die Völcker/ so ER erst gestrafft/ hernach mit Fried und Segen zieret;
So freundlich/ sag ich/ war die Göttin und sprach: Ihr Töchter seyd getrost/
Denn eures Ruhmes Lorber-Aste/ worüber sich der Neid erbost/
Verwelcken von dem Geiffer nicht/ den viel verwegne Mäuler werffen/
Ein deutscher *Maro* wird noch gar den Kiel zu eurem Lobe schärffen.
Ihr bleibet herrliche Geschöpffe/ der Menschen Lust/ der Erde Schmuck/
Und wer euch nicht davor erkennet/ ist durch sich selbst gestrafft genug:
Darum befriedigt künfftig hin Hertz/ Sinnen/ Eifer und Gemüthe;
Kein Vorzug steht den Männern zu/ als welchen ihr aus Lieb und Güte/
Der allgemeinen Ruh zum besten/ mit willigem Gehorsam gebt/
Bevor ihr über ihre Hertzen den Lohn vergnügter Herrschafft hebt.
Die Thoren/ so euch widerstehn/ und die sich nicht so gleich bekehren/
Verdamm ich unter euer Joch zur Arbeit und zu weibschen Zähren/
Und welcher mit vergifften Schrifften Euch/ sonder Wahl und Unterscheid/
Es sey auch/ wegen was es wolle/ so frey und liederlich beschreyt/
Der soll an statt des Macher-Lohns ein böses Rumpel-Scheit bekommen/
Die sieben Männern schon den Hals/ wie ihr die Zeit den Zahn genommen.
Die Straffe gab ein groß Gelächter/ die Klugheit aber stille es gleich/
Und predigte noch diese Lehren: Die Welt hat auch ein Himmelreich/
Diß ist der Stand vergnügter Eh/ begehrt ihr Jungfern diß zu schmecken/
So laßt euch stets mein Winckel-Maß das Ziel in Heyraths Sachen stecken.
Vergafft euch nicht an Stand und Golde/ sorgt aber auch vor Glück und Lob/
Erforscht hauptsächlich Trieb und Hertze/ bezeigt euch weder frech noch grob/
Vermeidet auch so gar den Schein und wehlt nicht etwan in die Länge/
Der Raum ist zwischen Wieg und Sarg/ ihr wißt wohl/ ziemlich kurtz und enge/
Und/ wenn der Spiegel einmahl reisset/ so nimmt er wenig Augen ein:
Doch laßt euch auch nicht bey der Tocke und schon im Flügel-Kleide freyn;
Setzt jeden/ der den Umgang sucht/ doch ohne Vorwitz auf die Proben/
Und glaubt nicht aller Schmeicheley/ womit euch Vers und Briefe loben.
Verzögert Glücke/ Trost und Hülffe/ so traut dem Himmel und der Zeit/
Und steht ihr heimlich schon im Bunde/ so opffert der Beständigkeit/
Es mögen Freunde/ Feind und Haß euch noch so hefftig wiedersprechen;
Ein Paar/ das treu und redlich liebt/ muß trotz den Wettern Rosen brechen.
Dies möchte *Phyllis* nur bedencken und itzo nicht verdrießlich thun/
Ihr Hertz/ das itzt die Neider qvälen/ soll einmahl nach dem Stürmen ruhn
Und glauben/ daß sich *Philemon* aus Noth und nicht aus Falschheit trenne/
Damit er ihr nur seine Treu in besserm Glücke zeigen könne.
Vor allem theilet nicht das Hertze an mehr/ als einen rechten Ort/
Der Schiffman sieht auf ein Gestirne und segelt damit sicher fort/

Die

Hochzeitsgedicht Aßmann/Aßmann, S. 7

Kaum hatte der galante Träumer am Briegschen Pindus Lerm gemacht, Z. 262–318

Die Liebe paart nur zwey und zwey und leidet nimmermehr den dritten/
Dem/ der zu vielen naschen geht/ wird endlich aller Paß verschnitten.
Dies merckt euch/ Frauen/ auch besonders/ und seyd ihr glücklich angebracht/
So ehrt den Schöpffer/ der die Ehen noch eher/ als die Welt/ gemacht;
Hat aber ein verborgner Schluß euch Ring und Mann zur Qvaal gegeben/
So sucht/ so viel an euch ist/ gleichwohl nach Fried und Ruh zu streben/
Erinnert heimlich und bescheiden/ was irgend Fluch und Schaden bringt/
Und wehlt dazu beqveme Stunden/ weil nichts zur Unzeit gut gelingt;
Bekommt ihr kein vertraulich Wort/ so wißt/ Geduld thut mehr/ als Stärcke/
Durch Sanfftmuth/ Schertz und Freundligkeit und mehr dergleichen gute Wercke
Beschämt ihr warlich alle Feinde/ und dadurch zeigt ihr erst der Welt/
Daß ihr die Herrschafft würcklich habet/ wovon der Mann den Schatten hält.
Vertraut auch eurer besten Schwester des Hauses Heimligkeiten nicht/
Und lehnt auch dem nicht Hertz und Ohren/ was sie von ihrem Manne spricht.
Das Eh-Bett ist ein Heiligthum und trägt/ wie ehmals Salems Tempel/
Den Vorhang der Verschwiegenheit. Begehrt ihr ja ein neu Exempel/
So seht auf *Racondinens* Tugend/ die als ein Phönix unsrer Zeit
Bey so viel Haus- und Wirthschaffts-Sorgen dem Kummer stets die Spitze beut;
Sie hat wohl auch ihr heimlich Creutz und muß sich in viel Köpffe richten/
Sie pflegt/ sie liebt den blöden Mann/ den viele schwere Fälle sichten/
Sie rächt sich an dem groben Neide mit Wohlthun höflich und *galant,*
Weiß groß und kleinen zu begegnen und beut den Armen Hülff und Hand/
Und sucht dabey kein ander Lob als Feind und Hertzen zu gewinnen
Und daher stört ihr auch kein Gram die allzeit aufgeräumten Sinnen.
So sprach die Klugheit zum Beschlusse. Die Liebe satzte dies noch bey:
Folgt/ Töchter/ diesen güldnen Sprüchen und seht hernach wie wohl euch sey
Die Frucht der Tugend und den Crantz aus meinem Schoosse zu empfangen.
Zwo Seelen haben einen Wunsch/ ein Hertz ein Dencken ein Verlangen
Sie sind zwo Säyten einer Laute/ die Lust und Neigung gleich gestimmt/
Ihr Feuer zärtlicher Gemüther/ das ohne Rauch und Ende glimmt/
Verblendet stets den scheelen Neid und wirfft den Schatten auf die Mängel/
Die eins am andern bald gewohnt. Er ist ihr Schutz/ sie heist sein Engel;
Streit/ Argwohn/ Eigennutz nnd Klagen streut keinen Meelthau auf die Frucht/
Die jedes auf des andern Lippen mit brünstiger Umarmung sucht.
Sie dienen GOtt mit solcher Furcht/ als Kinder vor dem Vater haben/
Und nehmen stets mit ihm vor lieb/ er zeige Ruthen oder Gaben;
Ihr Theilen macht die Bürde leichter und bricht das Alter gleich herein/
So thun sie doch so schön und zärtlich/ als solt anitzt erst Hochzeit seyn/
Mit Wunsch der Welt von ihrer Treu/ Krafft welcher sie zugleich erblassen/
*Wie Baucis und Philemon dort/ ein grün Gedächtniß zu verlassen.
Ein solch verliebt und schön Verhängniß fängt itzt auch Asmanns Leben an/
Der/ wie mir *Themis* selbst beschworen/ der Welt schon manchen Dienst gethan/
Und den so wohl ein redlich Hertz/ als Kunst/ Verstand und Fleiß und Wachen
Zum Priester der Gerechtigkeit auch mit des Neides Beyfall machen.
Er hat sein zeitlich Wohl und Glücke durch Klugheit jederzeit gebaut/
Und mir auch als der wahren Liebe bey dieser Wahl allein getraut/
Drum schwer ich itzt bey meiner Macht/ die nichts/ als GOtt vermag zu binden/
Er soll bey seiner Asmannin ein vorbeschriebnes Eden finden/
Und dies so wahr/ als mein Erbarmen/ das aller Länder Seufftzen schätzt/
Mit ehsten nach so vielen Siegen den Rest zu Carlens Wünschen setzt/
Daß nehmlich so ein Printz/ als ER aus Rudolphs Blut und Lenden steige
Und wie August die güldne Zeit den Musen auch in Deutschland zeige.

* Ovid. Metamor. L. II.

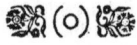

Abb. 147   147

Bey der Baare

Des weyland
Wohl-Ehrwürdigen, Großachtbahren und
Wohlgelahrten

Herrn Gottfried

Neßlers/

der Evangel. Gnaden=Kirchen zur Heil. Dreyfal=
tigkeit vor Landeshutt wohl=meritirten
Herrn Senioris

Welcher nach lang ausgestandener Kranckheit
endlich den 24. Jan. Anno 1722.
sanfft und seelig verschied/
und den 1. Febr.
bey Volckreicher Begleitung
beerdiget wurde/

Suchte
gegen die

Hoch=schmertzl. betrübte Fr. Wittib/

Frau Tochter/ Herrn Eydam/

und vornehme Familie
sein schuldiges Mittleyd
durch folgendes an den Tag zu legen

THEODORUS Speer,

geschworner Advocat und Jur. Pract.

Hirschberg/
gedruckt bey Dietrich Krahnen.

Leichencarmen Keßler vom Febr. 1722, S. 1
Vgl. Band IV.1, S. 7–10

Des Seel. Herrn Senioris
auf seinem Lager gehaltene
Abschieds=Rede.

Hilff/ oder tödte mich/ du allzu strenger GOtt/
Und mache deinen Arm/ nicht zu der Feinde
                                              Spott
Den Arm wodurch du mich so lang im Elend
                                              zwingest/
Dich aber umb den Ruhm/ des treuen Va-
                                              ters bringest.
Du siehst hier liegt dein Knecht und krümt sich
                                              als ein Wurm/
Ein Jammer/ eine Noth/ ein Streich/ ein Blitz/ ein Sturm/
Folgt an und über mir/ fast stündlich auf den andern/
So lächtzend darff kein Mensch durch Sand und Hitze wandern/
Als Ich durch Weh und Angst den Schrecken folgen muß!
So unerforschlich ist der heilgen Wächter Schluß!
Der manchem Doeg sonst den Todt so schön verkürtzet/
Und mich von Zeit zu Zeit in Angst und Tieffen stürtzet/
In tieffen deren Höh/ mein Fleisch und Blutt erschröckt/
Dieß aber gleichwohl nicht zerschläget und bedeckt!
Ach GOtt so ist vor mich/ nach so viel scharffen Plagen
Auch noch der Todt zu gutt/ der schmertzen Schärff und Nagen
Greifft Geist und Glieder an/ verzehrt so Bein als Marck/
Macht Glaub und Hoffnung schwach/ und die Verzweifflung
                                              starck/
Ich scheu mich vor mir selbst und eh ich noch erbleiche/
So bin/ so werd Ich schon/ Ich weiß nicht wie/ zur Leiche.
      HERR höre/ merck und sieh/ die redliche Begier/
Ich leyde/ wie du siehst nicht bloß allein in mir/

                                                    Ich

Leichencarmen Keßler, S. 2
Hilff, oder tödte mich, du allzu strenger Gott, Z. 1–22

Abb. 149   149

Ich leyde/ wie du weist/ in so viel treuen Hertzen/
Die um den Sterbe-Pfiel den Schau-Platz herber Schmertzen
Nicht ohn Erbarmen sehn/ wie brünstig meine Reu/
Wie heßlich die Gestalt/ wie schwer Dein Eyffer sey/
Ach komm/ ach mache doch der Noth einmahl ein Ende
Ach komm/ ach reiche mir/ was seh Ich/ deine Hände!
Ach ja Du reichst sie mir/ ich halte mich daran/
O Seegens-voller Blick/ ich seh mein Canaan.
Ich seh Egypten Land/ das Letzte mit dem Rücken/
Und jenes allbereit mit träumenden Entzücken.
Und Augen ohne Licht/ erhole dich mein Geist
So wie ein müder Held/ dem Feind und Ohnmacht schmeist/
Und der indem er fällt/ und eh er gantz erblasset/
Die letzten Kräffte noch mit Macht zusammen fasset/
Und durch ein Abschieds-Wort sein traurig Heer erqvickt
Ist etwas daß mir noch das Hertz im Sterben drückt

Und höchst empfindlich rührt/ bist du es meine Liebe?
Du die ich da ich flieh das erstemahl betrübe/
Du meiner Sorgen Trost/ und Helffte meiner Brust/
Ach mache mir/ Mein Schatz, zuletzt noch eine Lust/
Und trenne dich von mir mit ruhigem Gemüthe.
Ich schätze deine Treu/ ich dancke deiner Güthe/
Und wünsche dir so viel von dem was glücklich macht/
Als Stunden meine Brust mit Seuffzern zugebracht.
Mehr kan ich dir nicht thun/ mehr wirst du nicht begehren
Der Lob-Spruch deiner Treu sind meine stumme Zähren/
Die als ein Seegens-Thau auf deine Scheitel gehn;
Und auch der Tochter Wohl an Fruchtbarkeit erhöhn.

Der Tochter deren Witz/ Gehorsam/ Furcht und Lieben/
Mir manchen Ambts-Verdruß von Jugend an vertrieben/
Und manchen Groll gedämpfft.   Du aber armes Kind,
Dem meine Gegenwarth noch viel zu früh entrinnt/
Mein Sohn, mein Hoffnungs-Zweig/ mein Auge möcht ich
                                                 sagen/
Bist/ wo ich klagen soll/ der Haupt-Zweck meiner Klagen/
Du brauchtest meinen Schutz/ du brauchtest meiner Zucht/
Doch da dich GOtt durch mich/ und dich durch mich versucht/
So schlüß und tröst ich mich/ Er werd auch dich erhalten
Und besser als ich selbst das Vater-Ambt verwalten.
Geh wachse/ leb' und blüh an Alter und Verstand/
Sey deiner Mutter Stab/ und laß das Vaterland
So bald du klüger wirst aus deinem Munde lesen/
Daß ich und du mein Sohn einander werth gewesen.

                                                        Der

Leichencarmen Keßler, S. 3
Hilff, oder tödte mich, du allzu strenger Gott, Z. 23–64

Der Seiger ist bald aus / und das verkürtzte Ziel
Verbeuth mir Lehr und Wort / sonst hätt ich zwar noch viel
Euch Sündern die mein Ambt durch Geist und Wort gebohren
Mit Seegen darzuthun.   Jdoch ist nichts verlohren/
Wenn nur ein eintzig Schaaff von meiner Heerde zeigt/
Daß meines Eyfers Fleiß den Lastern vorgebeugt.
Die Tugend aufgeweckt/ und niemahls faul geschienen/
Dem Höchsten der mich rufft nach Möglichkeit zu dienen.

Hört Sünder ! hab ich euch nicht Ebals Fluch entdeckt/
Sagt/ hat mein Mund euch nicht durch GOTTes Mund er-
schröckt ?

Sprecht Frommen, ob und wie mein redliches Gewissen/
Euch nicht bey Tag und Nacht im Gutten stärcken müssen.
Diß nehm ich da mein Fuß die letzte Bahn betrit/
Diß Zeugnüß nehm ich itzt vor unsern Richter mit/
Und lege Licht und Recht zusambt dem Predger-Kleide
Auf Cantzel und Altar.   Mein Lohn ist jene Freude :
Die noch kein Aug erblickt/ und die der Höchste giebt
Der sich fast weniger als seine Schaaffe liebt.

Du werthes Landeshutt hast mich nicht zu betrauren/
Ich geh/ der Seegen bleibt in deines Zions Mauren
Daß noch mehr Wächter hat/ die vor dem Risse stehn/
Wilst du mein Ehren-Mahl am herrlichsten erhöhn/
So werde liebste Stadt nicht müde sie zu hören/
Und denck auch dann und wann an deines Keßlers Lehren.
Und damit gutte Nacht/ ist irgend wo ein Feind
Mit dem ich es nicht so als wie mit mir gemeint ?
Der glaube/ tritt er einst zu meinem schlechten Grabe :
Daß Ich im Tode noch vor Ihn gebethen habe.

Leichencarmen Keßler, S. 4
Hilff, oder tödte mich, du allzu strenger Gott, Z. 65–92

Abb. 151 151

Keßler und Aschenburg, Ferd. Ludw. von † 1722 May 7.

Den

Entseelten Cörper

Des weyland Wohlgebohrnen Herrn/

HERRN

Ferdinand Ludwig

von Breßler und Aschenburg,

Ihro Röm. Käys. und Cathol. Maj. Raths,
wie auch Hochverordneten Commercien=Raths im Hertzog=
thum Schlesien, und der Stadt Breßlau Hochansehn=
lichen Raths=Verwandten und
Cämmerers ꝛc.

Begleitete

Bey dessen solennen EXEQVIEN

In Breßlau

Den 26. May 1722.
Mit seiner betrübten Schuldigkeit

Des Vornehmen Hochbestürtzten Hauses

Gehorsamster
Johann Christian Günther.

MEMENTO MORI.

BRIEG/
Druckts Gottfried Tramp.

Leichencarmen v. Breßler vom Mai 1722, S. 1
Vgl. Band IV.1, S. 11–13

Als Recht und Wahrheit liebt, Verstand
und Klugheit ehrt,
Ins Buch der Redlichen von Israel ge=
hört,
Und wahre Tugend nicht mit blöden Au=
gen schätzet,
Das werffe Flor aufs Haupt und Seuf=
tzer in die Lufft
Und opffre nun ein Hertz voll Mitleid
in der Grufft,
Worein Budorgis sich in Angst und Asche setzet.
Hier liegt sein Atticus, hier füllt ein Haupt den Sarg,
Das Kunst und Wissen fast mit grössern Wundern füllte,
Als jener am Homer in einer Nuß verhüllte,
Und Archimedens Faust in enges Glas verbarg.
Noch mehr: Der Glieder Nest, die hier erst Ruh bekommen,
Hat Wachsamkeit und Treu mit von der Welt genommen.

Wie wenn ein Ceder=Baum, der Schirm und Schatten
macht,
Durch Donner oder Sturm wanckt, splittert, sinckt und kracht,
Viel Aeste niederschlägt und andre Stämme beuget;
Ja wie die Finsterniß des Auges dieser Welt,
So bald der Mond dis Licht der Erden vorenthält,
In jeder stillen Fluth sich vielfach mahlt und zeiget:

So

Leichencarmen v. Breßler, S. 2
Was Recht und Wahrheit liebt, Verstand und Klugheit ehrt, Z. 1–18

Abb. 153

153

So würckt, so fällt die Nacht, die hier dis Grab umzieht,
Durch Angst und Traurigkeit in tausend Aug und Hertzen,
So fruchtbahr macht ein Fall in unsrer Stadt den Schmer=
tzen,
Die wenig Breßler mehr in ihren Mauren sieht,
Und, da sie ihre Pflicht zu seiner Bahre träget,
Ein gut Theil ihres Schmucks mit in den Moder leget.

Hof, Musen, Volck und Land bedauren den Verlust,
Die Staats=Kunst drückt sein Bild mit Thränen an die Brust
Zum Zeugniß: daß auch sie noch gute Christen leide.
Die vor die Wissenschafft in Rom noch göldne Zeit
Erhob des Varro Fleiß; in Breßlers Aehnligkeit
Stirbt Varro auch bey uns, und dennoch leben beyde
In Schrifften gleicher Kunst. Hier schläfft Publicola,
Der sich durch Billigkeit in Lieb und Ansehn brachte,
Den Grossen rathen halff, den Pöbel ruhig machte
Und Neid und Eitelkeit mit Großmuth übersah.
Jetzt wird der Angst die Stadt, der Tempel vor die Menge,
Den Thränen SEINE Grufft und IHM die Welt zu
enge.

Was aber, theurer Geist! entreist dich uns so früh?
Der Eifer vor dein Ammt. O unglückselge Müh!
Die vor das Heyl der Stadt das Heyl der Stadt verzehret.
Erhält dich sonst kein Flehn, so halte dich der Schmertz,
Womit dein groß Geschlecht sein schwer und blutend Hertz
Durch Minen und Gestalt beym Sterbe=Bett' erkläret.
Betracht', in was vor Noth die keusche Liebe fällt,
Und der Gemahlin Fuß vor Ohnmacht nieder schläget,
Schau, was sich dort vor Angst noch in der Wiege reget
In der dein liebster Sohn die Brust vor Wehmuth hält,
Als dächt er: kam ich so der Qvaal zu recht auf Erden,
So braucht ich nicht gezeugt, geschweig' ernährt zu werden.

Um

Leichencarmen v. Breßler, S. 3
Was Recht und Wahrheit liebt, Verstand und Klugheit ehrt, Z. 19–48

Umsonst! der Himmel winckt und Breßler giebt die Flucht;
Weint alle, die dadurch des Himmels Zorn versucht,
Hauptsächlich aber du, betrübte MARIANE!
Dein Schutz, dein Freund ist hin. Der Höchste prüft dich scharff,
Doch weil ein grosser Geist auch grosser Prüfung darff,
So zeige durch Gedult auf dieser Marter-Bahne,
Wie groß und würdig du des Theuren Breßlers seyst,
Sein Nach-Ruhm ist dein Trost, sein Leben deine Thränen,
Als deren Liebes-Strom, wie Bessers treues Sehnen,
Durch Lieder netter Kunst in alle Zeiten fleust;
GOTT übereilte ja den Kummer mit Erbarmen
Und gab dir, eh' er schlug, ein Trost-Pfand in die Armen.

Zween Helden zanckten sich mit Hitze, Spott und Hohn,
Den Wunder-vollen Schild, den dort der Thetis Sohn
Mit Blut und Geist verlohr, einander abzujagen.
Jetzt möchten derer viel, die vor Asträen stehn,
Bey unsers Breßlers Grufft auch auf den Kampf-Platz gehn,
SEIN ungemein Verdienst im Erbtheil wegzutragen.
Diß grünt wie Ceder-Laub und braucht der Eitelkeit
Von Marmor oder Ertzt kein Denckmahl abzuborgen;
Laßt Memphis und Bysantz vor Sonnen-Pfeiler sorgen,
Spahrt Purpur und Papier und webt kein Ehren-Kleid,
Wer Breßlern loben wil, der thut es, wenn er saget:
Der Mund vor Schlesien / der grosse Schafgotsch
klaget.

Leichencarmen v. Breßler, S. 4
Was Recht und Wahrheit liebt, Verstand und Klugheit ehrt, Z. 49–72

Abb. 155   155

Die
den 25. Aug. 1722.
in Hirschberg
glücklich vollzogene Verbindung
Des Wohl-Edlen, Großachtbaren und Wohlvornehmen

Hn. Gottlieb Schäl/

berühmten Kauff-und Handels-Mannes allda/
Mit
Der Wohl-Edlen, Viel-Ehr und Tugendbelobten
Jungfer

Johanna Christiana

Tit. Pl.

Herrn Johann Gottlob
Kirchhoffs/

& rel.

vierdten Jungfer Tochter/

bediente mit einer eilfertigen *Gratulation*

Johann Christian Günther,

Poet. Cæs. Laur. Med. Cand.

Hirschberg/ gedruckt bey Dietrich Krahnen.

Hochzeitsgedicht Schäl/Kirchhoff vom Aug. 1722, S. 1
Vgl. Band IV.1, 410–415

Nächst stritten Warheit/ Glück und Liebe
Um Vorzug/ Stärcke/ Rang und Ruhm/
Und lieffen mit erhitztem Triebe
Zur *Themis* in das Heiligthum.
Die *Themis* saß mit Schwerdt und Wage/
Wie ihrer Majeſtät gebührt/
Und hatte ſich an dieſem Tage
Mit neuen Strahlen ausgeziert.

Die Warheit ſprach: Mein Blitz muß ſiegen/
Er fährt der Boßheit durch den Sinn/
Er trotzt die Zeit/ beſchimpfft die Lugen
Und wirfft den Hohn der Mißgunſt hin;
Mein Glantz entſpringt vom reinſten Lichte/
Er reißt der tollen Heucheley
Die ſchnöden Larven vom Geſichte
Und macht die Unſchuld allzeit frey.

Halt/ ſprach das Glücke/ mit dem Prahlen/
Dein freyes Maul iſt ſo bekannt;
Die Welt vermeidet deine Strahlen
Und mir beut alle Welt die Hand;
Mein Seegel bringt die reichſten Waaren/
Schau meine Kugel nur recht an/
Dies Sinnbild lehrt dich erſt erfahren:
Mir ſey der Erd-Kreytz unterthan.

Mir opffern all und jede Stände
Begierden/ Leben/ Wunſch und Blut/
Den Helden geb ich Muth und Hände/
Den kalten Schönen Luſt und Glut.
Sey auch ein Leibnitz im Erfinden
Und im Regieren Salomo/
Wil ich mich nicht mit dir verbinden/
So driſcht dein Wiſſen leeres Stroh.

Das Glücke wolte weiter ſprechen/
Die Liebe fiel ihm höhniſch drein/
Geh/ ſprach ſie/ in die truncknen Zechen
Und ſchwatze dies den Kindern ein/
Geht/ ſag ich/ endlich alle Beyde
Und räumt mir gleich und gern den Platz;
Ich bin der Menſchen Troſt und Freude/
Des Himmels Kind/ des Lebens Schatz/

Ich bin die Mutter aller Dinge
Und herrſch in jeder Creatur/
Durch mich wird Gram und Zorn geringe
Mein Nectar iſt die beſte Cur.
Baum/ Vögel/ Thiere/ Gras und Sträuche
Sind Zeugen meiner ſüſſen Macht/
Die öffters auch den Tod zur Leiche
So wie aus Fürſten Köhler macht.

Ich

Hochzeitsgedicht Schäl/Kirchhoff, S. 2
Nächst stritten Warheit, Glück und Liebe, Z. 1–48

Abb. 157   157

Ich brauche weder Pfeil noch Bogen/
    Die mir der Heyden Tichter-Kunst
Aus Schertz und Blindheit angelogen;
    Denn Waffen bringen wenig Gunst.
Die Krafft/ wodurch ich alles binde/
    Ist innerliche Lust und Quaal/
Ein Blick von einem schönen Kinde
    Vermehrt gleich meiner Sclaven Zahl.

Und daß ich euch nur recht beschäme/
    So seht und nehmt dies Bild in acht/
Und sagt mir/ ob *Minervens* Rähme
    Was künstlichers ans Licht gebracht.
Die Liebe schwieg und wies indessen
    Ein ungemeines *Contrefey.*
An dem der Pinsel nichts vergessen/
    Als etwan bloß die Schmeicheley.

Die Schönheit wies in allen Zügen/
    Was dort *Anacreon* bestellt;
Die nette Locke schien zu fliegen/
    Die Haut war Schnee/ der itzo fällt/
Die Lippen schwollen von den Rosen
    Und waren gleichsam schon bereit
Mit solchen Küssen lieb zu kosen/
    Als Friede und Gerechtigkeit.

Was nur von Sanfftmuth und Entzücken
    Appellens Kunst entwerffen mag/
Das schoß hier aus den holden Blicken
    Und gab ein Feuer an den Tag;
Ein Feuer/ dessen Geist und Stärcke/
    Die Schönheit des Gemüths entdeckt/
Und durch verborgne Wunderwercke
    Auch in der Ferne Glut erweckt.

Nun/ sprach die Liebe/ mögt ihr passen/
    Der Vorzug hebt mich über euch;
Wen solche schöne Ketten fassen/
    Der spricht wohl: Glück und Warheit weich.
Das Glücke stund/ die Warheit lachte/
    Und beyde rissen sich darum/
Biß *Themis* die Entschlüssung machte:
    Dies Bild soll in mein Heiligthum.

Ihr aber solt dabey als Wächter
    Mit euren Gaben opffern stehn
Und durch den Neid der Landes Töchter
    Sein Lob noch desso mehr erhöhn.
Die Liebe that/ was *Themis* sagte/
    Und trug das Bild in ihren Saal/
Des Glückes Vorwitz aber fragte:
    Wo ist denn das *Original?*

                                   Mein

Hochzeitsgedicht Schäl/Kirchhoff, S. 3
Nächst stritten Warheit, Glück und Liebe, Z. 49–96

Mein Lorber flicht in deine Myrthen
    Vergnügter Bräutigam! ein Blatt/
Das/ da dich Lieb und Lust bewirthen/
    Der Koch vielleicht von nöthen hat;
Indem der Mißbrauch der Poeten
    So viel bereimt Papyr verschickt/
Daß man schon Leuchter und Pasteten
    Mit den gelehrten Grillen schmückt.

Doch Schertz vorbey. Aus deinem Bunde
    Erscheint ein Zeugniß guter Wahl.
Viel lieben nur mit Hand und Munde
    Und ringen nach der Ehstands-Quaal;
Sie lassen Sich das Kleid verblenden/
    Verachten Witz/ Gestalt und Treu/
Und legen sich mit Mammons-Händen
    Ein Klotz von grober Unart bey.

Daher verfehlt ihr Fuß der Bahne/
    Die zu der Selbst-Vergnügung bringt.
Wohl dir mit deiner Christiane/
    Wohl! sag ich/ wem es so gelingt;
Ihr Geist/ ihr Alter/ ihr Geschlechte
    Blüht wie. Ihr Antlitz andern vor/
Darum verdient ihr Lob mit Rechte
    Der Musen schönstes Lauten-Chor.

Komm/ schöne Braut! in Hirschbergs Mauren/
    Verlaß die Schwestern um den Queiß/
Und laß dich nicht die Freyheit dauren/
    Die nichts vom rechten Leben weiß.
Ein treues Hertz/ ein feurig Küssen
    Erwartet dich mit Arm und Mund
Und wird dir den Verdruß versüssen/
    Der auf dein Ja-Wort bald entstund.

Hat noch die Bibel einen Seegen/
    Und meine Wünsche Geist und Krafft/
So sey er eurer Eintracht wegen
    Der reinen Flammen Nahrungs-Safft;
Lebt/ liebt und schertzt nach Art der Tauben/
    Wie in der göldnen Zeit geschehn/
Und daß die Eltern solches glauben/
    So laßt sie ehstens Früchte sehn.

Die Wahrheit zieht itzt meine Blicke
    Noch einmahl in der Themis Saal/
Mich deucht/ es fragte vor das Glücke:
    Wo bleibt denn das Original?
Hier wo der Bober mit dem Zacken
    Sich brüderlich zu sammen fügt/
Und wo des Hochzeit-Bettes knacken
    Den angenehmsten Kirchhoff wiegt.
                    ━)§(o)§(━

Hochzeitsgedicht Schäl/Kirchhoff, S. 4
Nächst stritten Warheit, Glück und Liebe, Z. 97–144

Abb. 159 159

Die
bey der

Schäl-

und

Kirchhoffischen

Verbindung/

1722. den 25. Aug.

gesungene

CANTATA

Günther.

Hirschberg,
gedruckt bey Dietrich Krahnen.

Hochzeitskantate Schäl/Kirchhoff vom Aug. 1722, S. 1
Vgl. Band IV.1, S. 415–418

CANTATA

ARIA.

Hemmt ihr geilen Welt-Syrenen
Den gefährlichen Gesang; il fine
Schweigt und flieht aus Zions-
Chören,
Denn die Keuschheit zu verehren,
Müssen andre Säyten thönen,
Schweigt und hört den süssen Klang. da Capo.

Recit. Weg mit den Wollust-Stimmen!
Weg mit den Kohlen wilder Glut,
Die dort in Paphos glimmen,
Dort wo Betrug und Aberglauben
Den blinden Götzen Opffer thut
Der Venus Volck und Tauben
Sind Raben aus der Höllen Nacht
Und Vogel die zum Netze locken
Der Braut-Gott Hymen sey verbannt.
Das, was man Gratien genannt
Sind bloß Verführungs Docken,
Ihr durch und durch befleckter Schein
Entehrt die Bundes-Lade
Und kan kein Cherub seyn.
Fleuch Amor! nimm die Thorheit mit,
Denn Sulamith
Erzehlt aus reinem Triebe
Die Zärtligkeit der wahren Liebe.

ARIA.

Mein Bräutgam weydet unter Rosen,
Sein Schooß mein Schlaf, sein Haupt mein
Dach. il fine

Hochzeitscantata Schäl/Kirchhoff, S. 2
Hemmt, ihr geilen Welt-Syrenen, Z. 1–26

Abb. 161   161

Mein Schatz sein Hertz,
   Sein Mund mein Schertz.
Ihr Menschen Kinder seht uns küssen,
Und wolt ihr gleiche Lust geniessen.
   So liebet unsrer Unschuld nach;
   Aus Cabal macht die Liebe Gosen. da Capo.

Recit   Ach ja! Des Himmels Fügen
        Schleust Bund und Eh.
        Soll Haß und Weh
        Nicht zwischen inne liegen,
        So muß die Frömmigkeit,
        So muß Gelassenheit
        Dem Feuer Zunder geben.
        Ein durch der Jugend May
        Mit Keuschheit wohlgeführtes Leben
        Legt stets den grösten Schatz
        Zum Heyraths Gute bey.
        O! angenehmer Ruhe=Platz!
        O! Kleinod aller Güter
        Wo Leiber und Gemüther
        Mit gleicher Treu und Schönheit prangen,
        Und wo der sanffte Kuß
        So Sehnsucht als Verlangen
        Bald löschen bald entzünden muß.

ARIA.

Da muß der Creutz=Dorn Rosen geben
   Da fällt kein Joch noch Kummer schwer. il fine
Und wenn kein Himmel droben wär,
So wäre dis ein ewig Leben.   da Capo.

Hochzeitscantata Schäl/Kirchhoff, S. 3
Hemmt, ihr geilen Welt-Syrenen, Z. 27–54

Recit. Tritt frohes Paar
              Mit Freuden zum und vom Altar.
              Wir sehn schon über dir
              In Glauben und Gedancken
              Den Himmel offen stehn
              Der HERR ist hier
              Und läst dich in den Wollust=Schrancken
              Auf Unschulds vollen Lilien gehn.

ARIA.

HErr der Liebe wie der Tage
    Der du trennest und vermählst,
Und des Ehstands Lust und Plage
    Im Verborgnen wiegst und zählst,
Mische diese reine Flammen,
Durch des Geistes Krafft zusammen.

2.

Gib den zwey vertrauten Hertzen
    Eintracht und Zufriedenheit,
Leite sie bey Ruh und Schertzen
    An das Ziel der Eitelkeit
Bis sie dir in jenem Leben
Ihrer Liebe Pfänder geben.

3.

Waß auch Ihrer Eltern Augen
    Noch an Enckeln Freude schaun,
Ihr Gebethe müsse taugen
    Und den Kindern Häuser baun,
Die nach deinen Vorsichts Schlüssen
Jetzt einander brünstig küssen.

&(O)&

Hochzeitscantata Schäl/Kirchhoff, S. 4
Hemmt, ihr geilen Welt-Syrenen, Z. 55–80

Abb. 163

163

Als des
Hoch-Edelgebohrnen Herrn,
HERRN
Caspar Achatius
Becks,
Beeder Rechten Hochberühmten DOCTORIS,
Jur. Professoris Publici, und des Fürstl. Sächs. gemeinen
Hof-Gerichts Advocati Ordinarii,
älteste Jungfer Tochter,
JUNGFER
Sophia Margar.
Henrietta,
Welche den 18. Augusti 1720. auf diese Welt gebohren,
und den 14. Novembr. 1722. seligst wieder verschieden,
Darauf den 16. Novembr. 1722. Abends
in gewöhnlicher Leich-Begängnis
beygesetzet worden,
Wolten hierdurch ihre ergebenste Condolence bezeugen
Ihro Hoch-Edelgebohrn.
Sämtlich verbundenste Tisch-COMPAGNONS.

JENA, Gedruckt mit Wertherischen Schrifften.

Leichencarmen Beck vom Nov. 1722, S. 1
Vgl. Band IV.1, S. 24–27

Ein Mund, gelehrtes Haupt! der
Zeit und Müh verkürtzt,
Und unsre Speisen stets mit Nutz
und Lust gewürtzt,
Versaltzt uns ietzt die Kost durch sein
betrübtes Schweigen,
Und rufft und zieht uns gar als Mit-
leids-volle Zeugen
Von Deiner Traurigkeit, selbst durch sein stummes Ach
So langsam als bestürtzt dem Leich-Processe nach,
Der itzt, da Licht und Nacht noch in der Dämmrung streitet,
Ein Pfand von Deiner Eh zur letzten Ruh begleitet.
Wir folgen insgesamt mit einer Hand voll Pflicht,
Die zwar kein prächtig Blat am Musen-Hügel bricht,
Jedoch weil Eil und Zeit davor nichts bessers findet,
Ein reines Winter-Grün um die Cypresse windet,
Die schon das viertemahl vor Deiner Thüre steht,
Und leider! allzutieff mit ihrer Wurtzel geht/
Indem sich, wie es scheint, der Kummer vorgenommen/
Bey Dir stets, theures Haupt, so offt er geht, zukommen,
Du häuffest Sarg auf Sarg, vertreibest Schmertz mit
Schmertz,
Verwechselst Boy mit Flor. Verliehrt der Eltern Hertz,

Leichencarmen Beck, S. 2
Dein Mund, gelehrtes Haupt! der Zeit und Müh verkürtzt, Z. 1–18

Abb. 165

165

Wie jener Weise meint, ein Theil von jedem Kinde,
So sieh, ob einst der Tod an Dir viel übrig finde.
Der Garten Deiner Eh ist wie ein welscher Baum,
Hier machen Blüth und Frucht einander plötzlich Raum,
Die flieht, da jene treibt, und diß ihr Fliehn und Treiben
Läst vor den Stamm zuletzt nur Schwachheit übrig bleiben
Der Herbst, der sonst der Welt die schönsten Frücht' erlaubt,
Hat Dir im Gegentheil die schönste Frucht geraubt,
Die, wenn der Himmel ietzt nicht gar so grausam wolte,
Dein Aug' und Hertz einmahl im Alter laben solte;
Denn ob sie gleich noch nicht in voller Reiffe stund,
So schloß man doch mit Recht bereits aus Gang und Mund
Den künfftig-schönen Werth der angebohrnen Güthe;
Sind Augen, wie man spricht, die Spiegel vom Gemüthe,
So sah man hier auch schon aus Ihrer hellen Krafft,
Der Tugend Morgen-Stern, nebst mancher Eigenschafft,
Der freyen Sittsamkeit in Schmeichlung und Geberden,
Durch die schon auf der Welt aus Menschen Engel werden.
Wir wissen zwar von Ihr den kurtz-geführten Lauff,
Und setzen auch daher kein langes Lob-Lied auf,
Daß so ein artig Kind, an dem viel Hoffnung grünte,
Vielleicht gleichwohl noch offt mit besserm Recht verdiente,
Als manche, die man sonst, so schlimm sie auch gelebt,
Vor Geld und gute Wort erst nach dem Tod erhebt,
Und die (kan selbst ihr Schein die Welt nicht mehr betrügen)
Viel Tichter noch besticht, ihr etwas nachzulügen.
Indeß beleidigt doch der Kiel den Wohlstand nicht,
Wenn seine Wahrheit diß zu andrer Troste spricht:
Daß all' ihr Kinder-Spiel und Lächeln und Umfassen
Die künfftige Gestalt der Schönheit mercken lassen;
Die Schönheit, die nunmehr auch, eh' sie steigt, schon fällt,
Und, wie der Rosen Pracht, ihr Grab im Knopff erhält,
Und wie ein junger Zweig, den Nord und Hagel schmeisset,
Den gantzen Stock verletzt, und Hertzen blutig reisset.

Leichencarmen Beck, S. 3
Dein Mund, gelehrtes Haupt! der Zeit und Müh verkürtzt, Z. 19–52

Abb. 166

Was Wunder; wie gesagt, daß hier, berühmter Mann!
Dein angefülltes Hertz die Quaal kaum faßen kan.
Wir billigen den Gram so gut, als wir ihn glauben,
Die Weißheit kan uns doch die Menschlichkeit nicht rauben,
Und Stoa mag auch noch so sehr ihr Volck beschreyn,
Als könte dessen Muth in allem feste seyn,
Und wider jeden Pfeil den harten Sinn verstählen,
Der Vater bricht hervor, und läst sich nicht verhelen,
Doch aber auch dabey nicht gar zu Boden ziehn.

Das Pfund, geehrtes Haupt, so Dir der HERR verliehn,
Und Deine Wissenschafft, die andern glücklich nützet,
Sind Waffen, deren Macht Dich wider Dich beschützet,
Und aus dem Trauern zieht. Die Schickung greifft Dich nah,
Und nicht nur einmahl an, allein sind Kämpffe da,
So steht der Ruhm dabey. Denn wie die starcken Wellen
An Felsen stürmen gehn, und schwach zurücke prellen,
Ja wie der schnelle Blitz, der Ausbruch höchster Macht
Die Hütten nicht erreicht, und nur an Thürme kracht,
So zeigt das Unglück auch durch wiederhohlte Stöße
An denen, die es übt, des Geistes Werth und Größe,
So wie bißher an Dir; Der Pöbel ist nicht werth,
Daß seiner Niedrigkeit die Ehre widerfährt
In Schulen der Gedult sich groß und starck zu machen,
Und nach und nach den Zorn des Glückes zu verlachen.
Genug vor Deinen Trost, genug geseuffzt, geklagt,
Wirff itzo Trauer, Flor, und alles, was Dich plagt,
Dem morschen Cörper nach, und in die Grufft zurücke.
Astræa winckt Dir selbst mit ernstlich-holden Blicke,
Und zeigt ihr Licht und Recht auf ihrer Priester-Brust,
Aus welchem Du ihr Volck die Wahrheit lehren must;
Das thu und hoffe nun nach so viel Thränen-Regen
Ein desto fruchtbar Jahr an Freude, Ruh und Seegen.

✠ ✠ ✠

Leichencarmen Beck, S. 4
Dein Mund, gelehrtes Haupt! der Zeit und Müh verkürtzt, Z. 53–84

Abb. 167   167

Bey dem

Frühzeitigen Absterben

Der

Hoch-Edelgebohrenen Jungfer,

JUNGFER

Sophia Margaretha
Henrietta Beckin,

Des

Hoch-Edelgebohrnen Herrn,

HERRN

Caspar Achatius Becks,

Beeder Rechten Hochberühmten Doctoris,
Jur. Profess. Publici, und des Fürstl. Sächs. gemeinen
Hof-Gerichts Advocati Ordinarii,

älteste Jungfer Tochter,

So den 18. Augusti 1720. diese Welt erblicket,

Den 14. Novembr 1722. seeligst wieder verstorben/

und den 16. ejusd. 1722.

Zu Ihrer Ruhe bestätiget wurde,

Wolten wehmüthigst condoliren

Ihro Hoch-Edelgebohrn.

Sämtlich ergebenste Hauß-COMPAGNIE.

JENA, Gedruckt in der Wertherischen Buchdruckerey.

Leichencarmen Beck vom Nov. 1722, S. 1
Vgl. Band IV.1, S. 20–23

So geht nun Lieb und Tod so gar ein
Bündniß ein/
Mich durch die süsse Last der Kin-
der zuerdrücken?
Soll meine Keuschheit bloß vor Sär=
ge fruchtbar seyn?
Und kein erwachßner Zweig den Stam
mit Aesten schmücken/
Ach! Himmel! lohnt dein Arm den
armen Müttern so?
Wir bitten um ein Pfand; Du giebst
es; wir sind froh;
Du lachst; wir pflegen es/ du wartest und wir scherzen;
Auf einmahl kommt dein Grimm und reißt die Lust vom Hertzen.

Ach! Kind! wie beugst du mich/ach Kind! ach Schmertzens=Kind!
Wie traurig schien dir nicht des Lebens Morgen=Röthe
Ja warrlich von der Fluth/ die ietzt im Auge rinnt/
War gleich dein erstes Licht mein böser Angst=Prophete,
Du kamest dazumahl zur Trauer auf die Welt/
Die Wiege wurde dir und der der Sarg bestellt/
Die mich vor dem gezeugt/ ich kam/ sie fiel darnieder
Und ihrer Glocken=Klang sang dir die Wiegen=Lieder.

So wurdest du zugleich/ gebohren und verwäyst/
Ach Kind! wie beugst du mich! wie beugst du meine Liebe?
Hauptsächlich aber ietzt/ da dich der Tag entreist
Andem ich Jährlich mich um deinen Tag betrübe/

Leichencarmen Beck, S. 2
So geht nun Lieb und Tod so gar ein Bündniß ein, Z. 1–20

Abb. 169

169

Drey/ giengen dir voran; Drey heiſt ſonſt Uber-Recht
Der Tod zehlt nie zuviel; brecht liebſten Augen brecht/
Und ſeht in jene Welt; Denn euch bald nachzublicken
Empfind' ich ſchon den Stoß mir an das Hertze rücken.

Durch ſolchen bangen Schall/ Du hochbeſtürtztes Hauß!
Wird unſer Ohr nunmehr empfindlich eingenommen;
Die Würckung fließt davon in dieſe Zeilen aus/
Die von der Redligkeit mehr als der Kunſt genommen.
Denn Mitleid macht nicht Staat/ und wer zu zierlich klagt/
Der ſchertzt nur mit dem Ernſt und läugnet was er ſagt;
Die Wahrheit kan ohndem ſo wenig Schmuck und Seyden
Als Augen blöder Art/ Rauch/ Staub und Sonne leiden.

Die gröſte Billigkeit/ beklemmtes Mutter-Hertz!
Entſchuldigt allerdings die Wehmuth bey der Leiche;
Kein Schwerd durch Marck und Bein erregt ſo ſcharffen Schmertz/
Kein ſolch Erſchrecken folgt nach einem Wetter-Streiche/
Als dir der Riß gebiehrt; Dein Fuß ſteht auf den Fall/
Es kocht/ es wallt die Bruſt wie ſiedendes Metall/
Die Seele ſelbſt wird ſchwach und will mit halben Küßen
Dem Cörper neue Krafft in Mund und Adern gießen

Umſonſt; vor dieſen Leib iſt kein Eliſa hier/
Laß Hochbetrübtes Hertz die treuen Sorgen ſchwinden/
Und ſuche/ wo du kanſt/ mit Chriſtlicher Begier
Durch Pflaſter der Geduld die Wunde zu verbinden/
Wer mit der Schickung zanckt gewinnt nur Zorn und Hohn;
Solt' einmahl ietzt dein Blick um jenen Friedens-Thron/
Wo tauſend Palmen blühn/ die Pracht entdecken können
Du würdeſt dieſen Fall gewiß noch Wohlthat nennen.

Die Weißheit/ ſo dein Kind allhier im Nahmen trug
Verklährt ietzt dort ſein Haupt mit heitern Sonnen-Strahlen;
Hier in Egypten Land ſind Larven voll Betrug
Und Schönheit/ deren Haut nur Sodoms-Aepffel mahlen.
Was thränt dein Auge noch? hör auf/ verwirrt zu thun
Und laß die Sehnſucht fliehn und deine Tochter ruhn/
Sie iſt nicht todt ſie ſchlafft und ſieht in ſüſſen Träumen
Den güldnen Lebens-Kelch in wahrer Wolluſt ſchäumen.

Leichencarmen Beck, S. 3
So geht nun Lieb und Tod so gar ein Bündniß ein, Z. 21–56

Gesetzt/ du hätteſt ſie in dieſer Welt vermählt.
Und ihr ein Kaysertum zur Mitgifft hingegeben;
Was wär es gegen das/ ſo dort ihr Geiſt erhält/
Dort wo die Heiligen in aller Fülle leben?
Was wär es? in der That ein höchſt gefährlich Nichts
Die Unſchuld iſt ihr Schatz; die Klarheit jenes Lichts
Giebt ſelbſt den Braut-Schmuck her und ſetzet ihr die Crone
Der Unvergänglichkeit auf kurzen Kampff zum Lohne.

Hier prahlt die Eitelkeit mit Purpur und Rubin/
Und nennt die Laſt noch Schmuck. Die Welt iſt blind im Schätzen/
Sie läſt ihr allemahl das höchſte Guth entfliehn/
Und will den reichſten Werth auf groſſe Perlen ſetzen.
Der aber/ der allein die Wahrheit iſt und bleibt
Nimmt/ wie auch ſchon vor dem ein kluger Heyde ſchreibt/
Und mancher Chriſt erfährt/ am liebſten gern die Kleinen/
Drum nimmt er auch anietzt die Perle von den Deinen.

Du ſprichſt/ ſie werde dir zu plötzlich hingerückt/
Und darum könneſt du dich nicht ſo leichtlich tröſten;
Ach! wohl dem/ welchen hier kein langes Lager drückt/
Ein Freund/ der eilends hilfft/ iſt einer von den gröſten
Auch geht dir diß noch nah/ daß ſchon ſo viel erblaßt/
Juch hierbey mercke nur den Vortheil ſo du haſt.
Der liebſten Kinder Flucht gereicht dir ſelbſt zu Ehren:
Du kanſt den Himmel ja mit ſo viel Unſchuld mehren.

Leichencarmen Beck, S. 4
So geht nun Lieb und Tod ſo gar ein Bündniß ein, Z. 57–80

Abb. 171   171

Bey der
den 11. Januarii Anno 1723.
in der Evangelischen Kirche vor Hirschberg
durch Christliche Copulation
glücklich vollzogenen

Verbindung

Des
Wohl-Edlen und Großachtbaren
HERRN

Johann Gottfried Latzke,

vornehmen Kauff- und Handels-Mannes
in Schmiedeberg/
Mit der
Wohl-Edlen, viel Ehr- und Tugend-belobten
JUNGFER

EVA ROSINA,

Des
Wohl-Edlen und Großachtbaren

Herrn Gottfried Herbst/

Ansehnlichen Kauff- und Handels-Mannes
in Schmiedeberg/
ältesten Jungfer Tochter
hatte einige zufällige

Herbst-Gedancken

Johann Christian Günther,
Poët. Cæf. Laur. Med. Cand.

Hirschberg/
gedruckt bey Dietrich Krahnen.

Hochzeitsgedicht Latzke/Herbst vom Jan. 1723, S. 1
Vgl. Band IV.1, S. 425–431

Es rühme wer da wil im Lentzen
Die neue Lufft, den grünen May,
Je schöner seine Blumen gläntzen,
Je näher rückt ihr Ziel vorbey;
Die Augen-Weyde seiner Auen
Steht, wie die Schönheit, auf der Flucht,
Und, was wir heut im Wachsthum schauen,
Wird morgen schon umsonst gesucht.

Der Sommer hat nicht Grund zu prahlen,
Er schröckt die Welt mit Blitz und Schlag,
Die Menge seiner heissen Strahlen
Verkürtzt den Schlaff, beschwert den Tag.
Kommt denn der Winter angeschlichen,
So muß die Erd im Trauren gehn/
Und unsre Lust in Winckel kriechen,
Wo Grillen am Camine stehn.

Der Herbst bleibt doch der Schmuck vom Jahre
Und hat den Vorzug aller Zeit,
Sein Bildnüß trägt in vollem Haare
Das Füll-Horn vieler Fruchtbarkeit;
Er ist der reiche Speise-Meister
Der alles zeugenden Natur
Erqvickt die Sinnen wie die Geister
Und zeigt die gröste Seegens-Spur.

)(Er

Hochzeitsgedicht Latzke/Herbst, S. 2
Es rühme wer da wil im Lentzen, Z. 1–24

Abb. 173   173

Er füllt uns Augen, Mund und Keller,
Ergötzt den zärtlichsten Geschmack,
Er häufft uns auf dem Wollust-Teller
Was Garten, Feld und Wald vermag,
Sein Wetter schickt sich recht zum lieben,
Denn, weil es keinen Hunds-Stern kennt,
So wird die Krafft nicht übertrieben,
Wodurch das Blut der Jugend brennt.

Dir hat, mein Bräutigam, ich wette,
Kein Herbst wohl noch so schön gelacht,
Als der, so jetzt dein Hochzeit-Bette
Mit Edens Anmuth lustig macht.
Des gantzen Jahres Schatz und Früchte
Versammlen sich auf einer Brust,
Und reitzen Finger und Gesichte,
So daß du lüsternd werden must.

Betrachte nur des Mundes Rosen
Die noch kein Bienen-Stich berührt
Und deren Pracht dir liebzukosen
Das Honig auf den Blättern führt.
Die Wangen zeigen bundte Nelcken,
Und wilst du Lilien und Jasmin
Die auch bey Frösten nicht verwelcken,
So darffst du nur ihr Halßtuch ziehn.

Der Herbst ergötzt uns auch mit Trauben;
Dein Herbst giebt Trauben seltner Art;
Hier kanst du pressen oder klauben,
Sie sind allein für dich gespart?
Und wilst du reinen Wein geniessen,
So iß der Lippen Kelter hier,
Woraus die Küsse süsser fliessen,
Als Edenburgs October-Bier.

Ent-

Hochzeitsgedicht Latzke/Herbst, S. 3
Es rühme wer da wil im Lentzen, Z. 25–56

Entsteht ein Appetit nach Beeren
Sie wachsen hier auch durch den Schnee
Den weder Lufft noch Gluth verzehren,
Auf einer zweyfach schönen Höh.
Die Herbst-Zeit liefert gute Fische
Und baut auch manchen Vogel-Heerd;
Auch dieß wird deinem Liebes-Tische
Durch einen schönen Herbst gewährt.

Stell auf, und wirff die Sehnsuchts-Angeln
Und henck den Freyheits-Köder dran,
Das Glücke läst es Dir nicht mangeln,
Denn sieh! ein treues Hertz beist an,
Ein solcher Fang ist hoch zu schätzen,
Zumahl wer unsre Zeit bedenckt,
Wo mancher mit vergoldten Netzen
Forellen sucht und Frösche fängt.

Du hast das lustige Gehäge,
Darum vergieß auch nicht die Jagd
Die Liebe spührt die rechten Wege,
Nur wache früher, als es tagt.
Kein Wildpret kan wohl höher gelten
Als deines Herbstes Tugend gilt,
Denn diese fängt man schwer und selten,
Weil offt das Schaaf den Wolff verhüllt.

Ich muß mich deutlicher erklären
Und, werther Bräutigam, gestehn;
Das, was dir Wuntsch und GOtt gewähren
Muß über alle Waaren gehn,
Die deiner Handlung Witz und Glücke
Auch noch so frisch und reich erhält,
Denn du bekommst in diesem Stücke
Das rechte Leben auf der Welt.

)(2   Das

Hochzeitsgedicht Latzke/Herbst, S. 4
Es rühme wer da wil im Lentzen, Z. 57–88

Abb. 175   175

Das rechte Leben steckt im Lieben
Und in vertrauter Lustbarkeit,
Der Kummer kan kein Paar betrüben
Dem Treu und Eintracht Trost verleiht;
Ich darff die Lust nicht erst beschreiben,
Du wirst sie selbst handgreifflich sehn
Und bey dem neuen Zeit vertreiben
Der Einsamkeit den Rücken drehn.

Die Tadelsucht hängt auch dem besten
Gemeiniglich ein Kleckschen an,
Vornehmlich bey den Hochzeit-Festen,
Wobey der Neyd nicht schweigen kan :
Da raisonnirt sie von der Scheitel
Biß auf den Absatz an dem Schuh,
Und läst so wenig Tracht und Beutel
Als Mienen und Person zu Ruh.

Ist gleich die Braut von gutten Sitten
Doch nicht dabey, wie mancher spricht,
Am Leibe lieblich zugeschnitten,
So heist es ein Alltags-Gesicht.
Sind Mittel da ; so heists: der Drache
Hat bloß den Alp an Mann gebracht;
Und liegt der Mammon nicht im Fache,
So wird der nackte Specht verlacht.

Und kurtz: Ein Eckstein gleicht den Bräuten
Woran sich jedes Ferckel reibt.
Wer kehrt sich an die klemmen Zeiten,
Wo niemand ohne Richter bleibt.
Man lasse Neyd und Pöbel höhnen
Gnung wenn die Vorsicht und ihr Schluß
Das Haupt mit Friedens-Myrthen crönen
Die so ein Blitz verschonen muß.

Der

Hochzeitsgedicht Latzke/Herbst, S. 5
Es rühme wer da wil im Lentzen, Z. 89–120

Der Bund, den deine Wahl getroffen,
Wird dich, mein Bräutgam, nicht gereuen.
Das Glücks-Thor steht zwar allen offen,
Doch führt die Klugheit nur hinein;
Und diese führt auch dich in Garten
Wo Früchte der Zufriedenheit
Den angenehmen Dieb erwarten,
Dem hier kein nächtlich Schrecken dräut,

Man sagt zwar sonst: Bestohlne Bäume
Verdorren ohne weitre Frucht;
Diß sind nur abergläubsche Träume,
Denn wenn man die Natur durchsucht,
So findet man Leucojen-Stengel,
Je mehr man pflückt, je mehr sie blühn;
So wird dein Raub auch deinem Engel
Mehr Wachsthum geben, als entziehn.

Du, holde Braut, wirst hier gemeinet,
Denn, ist ein kleiner Schertz erlaubt.
So wird, was Jephthæ Kind beweinet,
Dir durch die Liebe bald geraubt.
Doch Schade vor das bißgen Blüthe,
Ihr Abfall giebt den Früchten Statt,
An welchen ein vermählt Gemüthe
Des Paradieses Nachschmack hat.

Herunter mit dem Freyheits-Krantze,
Der schärffer, alß die Haube, drückt;
Wie so? doch halt, es reist ins gantze,
Wofern mein Kiel die Antwort schickt,
Dein Bräutgam kan dir auf dieß fragen
Am besten ein Genügen thun,
Und deiner Brust nachdrücklich sagen,
Daß Jungfern nicht so sanffte ruhn.

Gieb

Hochzeitsgedicht Latzke/Herbst, S. 6
Es rühme wer da wil im Lentzen, Z. 121–152

Abb. 177   177

Gieb Acht, Er winckt dir schon zum schertzen,
Und ladet dich zur Herbst-Lust ein,
Bey dieser wird Er deinem Hertzen
Den grösten Vorwitz gern verzeihn.
Du bist die Eva, deren schmeicheln
Ihn ohne Sünde schön verführt,
Und die Ihm durch vernaschtes Heucheln
Das Leben vor den Todt gebiert.

Dieß wird die Zeit mit Freuden lehren;
Mein Phœbus hat sein Ammt vollbracht,
Und wünscht mit seinen Musen-Chören
Das, was Euch froh und glücklich macht.
Kein Feldmann wird im Herbste feyren,
Er sät mit Lust auf Hoffnung zu
Und kriegt dadurch gefüllte Scheuren,
Mein Bräutgam! dieß bedenck auch Du.

Hochzeitsgedicht Latzke/Herbst, S. 7
Es rühme wer da wil im Lentzen, Z. 153–168

Der Knaster.

Besungen

Von

Johann Christian Günther,

aus Schlesien.

Hat jener den Krambambuli, und dieser den Caffe besungen,
Und ist der beyden Dichter Müh so, wie ich meine, gut gelungen;
So setz ich diesem noch das Lob des Welt-gepriesnen Knasters bey,
Das Günther längstens vorgespielt; Dann sind der guten Dinge Drey.

1747.

Der Knaster, 1747, S. 1
Vgl. Band II.1, S. 318–322

Abb. 179

I79

Caniß.

Satan kan nicht gerne leiden,
Wenn ein Mensch in stillen Freuden
In sich selbst vergnüget ist;
Drum, des Vatters eitler Grillen
Bösen Wunsch nicht zu erfüllen,
Schmauch ich, als ein frommer Christ.
Er, und alle Welt, mag toben;
Ich will den Toback doch loben.

❀
❀   ❀

Nahrung edler Geiſter,
    Aller Sorgen Meiſter,
Du mein Element!
Das man jetzo Knaſter nennt;
Komm, und laß die müden Sinnen
Wieder Ruh gewinnen.

Auf dem Erden-Kreiſe
    Kommet deinem Preiſe
Kein Geträncke gleich;
Auch der Aerzte drittes Reich
Flicht dich, deiner Krafft zu Lohne,
Um Hygäens Crone.

)(2   Nach

Der Knaster, S. 3
Nahrung edler Geister, Z. 1–12

Abb. 181   181

Nach den Lorbeer-Reisern,
  Die vor allen Kaysern
Unsern Frantz erhöhn,
Sollst du über alles gehn,
Was aus Erd und Wurzel steiget,
Und den Gipfel neiget.

Deine Krafft und Stärcke
  Macht durch Wunderwercke
Allen Kummer zahm;
Mißgunst, Furcht, Verdruß und Gram
Fliehn, so bald ich dich empfinde,
Schneller als die Winde.

Deine Tugend heilet,
  Deine Macht ertheilet
Und gebiert die Ruh;
Will der Schlaf nicht gleich herzu,
Kan ich ihn mit deinen Waffen
Bald ins Zimmer schaffen.

Kommt der lichte Morgen,
  Bringt der Tag die Sorgen,
Macht der Mittag warm;
Stütz ich ruhig Kopf und Arm,
Und gebrauche deiner Kräffte
Edle Nectar-Säffte.

The und Caffe schmecken,
  Wenn man aus den Decken
Warmer Federn schleicht:
Doch sind sie noch viel zu leicht,
Wenn dein Rauch dabey nicht stehet,
Und den Werth erhöhet.

                                                      Die

Der Knaster, S. 4
Nahrung edler Geister, Z. 13–42

Die dich nicht vertragen,
  Und zum Schimpffe sagen:
Du verderbst die Lufft;
Mögen in des Schinders Grufft,
Ja zum Teuffel selber kriechen,
Und was bessers riechen.

Die ihr tröstlich lehret:
  Der Toback verzehret,
Man wird trocken drauf,
Höret doch zu dencken auf!
Besser ists so schwachen Sinnen,
Selbst Toback zu spinnen.

Kommt ein junges Häßgen
  Mit dem weissen Näßgen,
Das nach Bisam stinckt,
Soll es , wann es dich verdringt,
In den aufgerollten Haaren
Glut und Dampf erfahren.

Wer dich gar nicht brauchet,
  Und nicht stündlich schmauchet,
Ist des Mauls nicht werth,
Weil er die Natur verkehrt,
Und die Gaben , die dich zieren,
Niemals will probieren.

Laß die Schulen schmählen,
  Ihre Diener fehlen,
Und betrügen sich,
Wenn sie , theurer Knaster , dich,
Da sie dich nicht brauchen können,
Teuffels Abbiß nennen.

)(3   Andre

Der Knaster, S. 5
Nahrung edler Geister, Z. 43–72

Abb. 183   183

Andre mögen sitzen,
Und die Lippen spitzen,
Bis ihr Mägdgen will;
Gelt, du hältst mir immer still,
Und vermehrest meine Plagen
Durch kein Hörner tragen.

Laß den eckeln Frauen
Vor dem Dampffe grauen!
Die, so klüger sind,
Sprechen: Allerliebstes Kind!
Mich ergötzet deine Pfeiffe,
Die ich selbst ergreiffe.

Kom verbrannte Leichen
Auf den Zimmet-Sträuchen:
Muß ich von der Welt,
Hab ich schon voraus bestellt,
Daß die Lauge deiner Asche
Meinen Cörper wasche.

Held! des Arm und Schwerdte
Feind und Aufruhr wehrte,
Grosser Cumberland!
Stürmt dein Donner durch Braband,
So laß den Toback befreyen
Von den Streiffereyen.

Bursche fangen Grillen,
Aber, wenn sie füllen,
Und die Pfeiffen glühn,
Muß der Schmerz so weit entfliehn,
Als beym Einbruch der Hußaren
Die Franzosen-Schaaren.

                                                    Roß.

Der Knaster, S. 6
Nahrung edler Geister, Z. 73–102

Roßmarin und Nelcken
Schwinden, wenn sie welcken,
An Gefälligkeit:
Du gefällst zu jederzeit,
Denn dein Ruhm gedörrter Blätter
Grünt durch alle Wetter.

Sind uns unsre Waaren
An den Fels gefahren,
Und ins Meer versenckt;
Brüder! lebt doch ungekränckt!
Blätter, die die Mohren rösten,
Können wieder trösten.

Epheu crönt Poeten;
Doch um meine Flöthen
Soll Tobacks-Kraut blühn.
Brüder! macht euch zum Camin,
Und verjagt mit diesem Pfeile
Eure lange Weile.

Hört den Winter rasen,
Hört den Nord-Wind blasen,
Hört, er pfeifft und fährt;
Kommt, wir wollen um den Heerd
Seinem kalt- und stolzen Wüten
Ruhig troz gebieten.

Wollt ihr Ländern rathen,
So verpflügt die Saaten,
Haut die Wälder aus,
Macht uns ein Tobacks-Feld draus!
Und verzäunt es mit den Reben,
Die uns Freude geben.

                                                Top!

Der Knaster, S. 7
Nahrung edler Geister, Z. 103–132

Abb. 185   185

Top! es leben alle,
Die bey diesem Falle
Der Toback ergetzt!
Drum, ihr Brüder! raucht und netzt,
Bis der Blick vom andern Tage
Uns zu Bette jage.

Junge, schneide Knaster!
Dieses Lebens-Pflaster
Ist ein Polychrest.
Der, so uns nicht rauchen läßt,
Soll uns Fidibus und Kohlen,
Licht und Zunder holen.

Der Knaster, S. 8
Nahrung edler Geister, Z. 133–144

Verzeichnis der Textanfänge

(X) = nicht von Günther

Begleitet, wen ihr sollt, ihr matten Pierinnen! 63
Dein Mund, gelehrtes Haupt! der Zeit und Müh verkürtzt 163
Der Liebe fruchtbar Reich zeigt so viel Seltenheiten 111
Der Mensch, das kleine Thier, verfährt offt ziemlich toll 95
Diß ist die Losung unsrer Pflicht 31
Du bist, Wohl-Edler Freund! der erst aus unsrer Zunfft 103
Du erster Auffenthalt der Deutschen Pierinnen 47
Edler Freund! ich traute mir kaum die Sünde zu verbeten 107
Erwege Dein Vergnügen | Beglücktes Vaterland! 16
Es rühme wer da wil im Lentzen 171
Eugen ist fort; Jhr Musen, nach! 67
(X) Exhaustum corpus, morbo languentia Membra (J. G. Janitschius) 8
Friede, Friede, | Die Losung ist nun allgemein 35
Gefällt die Danckbarkeit in ihrem Hirten-Kleide 123
Grosser Carl! beglückter Kayser! 46
Hemmt ihr geilen Welt-Syrenen | Den gefährlichen Gesang 159
(X) Heu quod nulla mihi cum sacro foedera Pindo! (J. S. Hahn) 7
Hilff, oder tödte mich, du allzu strenger Gott 147
Jch soll, vermählte Schwester Braut! 55
Jhr beredten Wälder! 44
Kaum hatte der galante Träumer am Briegschen Pindus Lerm gemacht 139
Last sehn wer unter euch am ersten fertig sey 131
Longa quid Ausonium corrumpant otia plectrum? 20
Nächst stritten Warheit, Glück und Liebe 155
Nahrung edler Geister | Aller Sorgen Meister 180
Nichts anders als Verdruß bestürmet Seel und Geist 9
Nimm, Großer Aaron! Von deines Knechtes Händen 1
(X) Non amo te, sero quod poscis Carmen, Amice (G. C. Jachmann) 10
Nur fort! verdroßner Gaul; kein Zittern hemmt den Frost 127
Nur fort, vergnügtes Paar! und laß dich nichts verstören 119
(X) Ος προσκεῖται ἀεὶ σπουδαίως τοῖς βιβλίοισιν (J. F. Ortlob) 52
(X) Quos noster complexus amor, quos junxit amoena (J. G. Hahn) 6
(X) Satan kan nicht gerne leiden (F. L. von Canitz) 179
(X) Si Charitum pia turba mihi mea plectra moveret (E. W. Charisius) 10
(X) Sic sociata vovet vobis Schola nostra Salutem (C. Marbachius) 11
So geht nun Lieb und Tod so gar ein Bündniß ein 167
Solt ich der eintzige von Deinen Dienern seyn 53

Stille! Stille! | Daß kein Thon die Lufft erfülle   44
Stirb getrost, mein Sohn! und lebe   45
Tartuffe, Thrax, Gargil und wer ihr alle seyd!   75
Theodosius der Jüngere bekam einst einen schönen Apffel   40
Suscipe, Lecta Cohors, nostri documenta favoris   7
Vertrauter Hertzens-Freund, Es ist als wenn ichs wüste   135
Verwandter Bräutigam! ich komme doppelt an   99
Was Recht und Wahrheit liebt, Verstand und Klugheit ehrt   151
Weinet nicht, verwayste Kinder!   27
Wie glücklich lebt doch eine Stadt   12
Zu läugnen ist es nicht, wir würden, möcht es seyn   59

Nicht aufgenommen, da verschollen:

Daß noch die ganze Welt in ihren Angeln geht
Ein innerlicher Kampf, hochwohlgebohrnes Haupt
Welch Unglück wittert sich? Wie wenn ein Mordcomet

Nicht aufgenommen, da nicht von Günther:

Des Lehrens saure Müh, der Schulen schwerer Staub
Ghusmanndi leg' itzund den klugen Sydenham
Ists möglich, daß Du noch in mein Versprechen dringst
Reiß, theurer Gryphius, die Riegel von der Gruft

ERRATA

CORRIGENDA

ADDENDA

Band I.1

S. 8	Z. 28	statt Freud	lies Freund
S. 35	Z. 31	statt meiner Liebe.	lies meiner Liebe,
S. 58	Z. 6	ergänze am Rand: 60	
S. 85	Z. 4	statt u⟨nd⟩	lies und
S. 93	Z. 10	statt Nachbar	lies Nachtbar
S. 106	Z. 13	statt sich⟨⟩re	lies sichre
S. 154–161	Z. 15ff.	Zeilenzahlen am Rand eine Zeile tiefer stellen	
S. 165	Z. 98	statt icarus	lies Icarus
S. 191	Z. 14	statt Unb	lies Und
S. 274	Z. 8	statt wachenden	lies Wachenden
S. 282	Z. 20	statt Rerdlichkeit	lies Redlichkeit
S. 289	Z. 12	statt Ausbruch an.	lies Ausbruch an
S. 291	Z. 34	statt a angenehmes	lies o angenehmes
S. 293	Z. 7	statt schleichwie	lies gleichwie
S. 296	Z. 29	statt Diue	lies Die
S. 326	Z. 20	statt Herncker	lies Hencker
S. 341	Z. 11	statt Mein Seele	lies Meine Seele
S. 348	Z. 18	statt vergebracht	lies vorgebracht
S. 362	Z. 26	streiche am Rand 25	
S. 378	Z. 4	statt mih	lies mich

Band I.2

S. 9	Z. 7	statt *Ekklektiker* lies	*Eklektiker*
S. 17	Z. 24	statt *ergiebt* lies	*ergibt*
S. 31	Z. 30	statt *die 21, Julii* lies	*die 21. Julii.*
	Z. 31	statt *posteri* lies	*partem*
S. 32	Z. 11	statt *vollzognene* lies	*vollzogene*
S. 38	Z. 2	statt *Begrabniß* lies	*Begrabnuß*
S. 43	Z. 18	statt Sat. Freundschaftsgedicht lies	Satire
		statt *März 1720* lies *Jan./Febr. 1722*	
	Z. 20	statt *März 1720?* lies *Jan./Febr. 1722*	
S. 49	Z. 14	statt *Wahrheit* lies *Warheit* (kein Absatz)	
S. 55	Z. 20/21	statt *en-| trichten* lies *ent-| richten*	
S. 64	Z. 26	statt *charssime Hahni* lies *Charissime H⟨ahni⟩*	
S. 73	Z. 21	statt Mussig lies	Musig
S. 79	Z. 1/2	statt *Okt. 1715/ Febr. 1720?* lies *Okt. 1715*	
	Z. 6	statt *Schwanen-reine* lies *Schwanen-reinen*	
S. 84	Z. 3	ergänze nach *24 Bll.,*: *17,5 x 10,4 cm,*	
S. 94	Z. 8	statt auf diesen lies	auf dieses
	Z. 17	statt Valendicenti lies	Valedicenti

S. 97	Z. 29	statt *April 1717* lies *Juni 1717*
S. 98	Z. 14	statt *möchte es* lies *möcht es*
S. 101	Z. 32	statt *in ihren* lies *in ihrem*
S. 102	Z. 1	statt *Febr. 1719 ⟨?⟩* lies *Febr. 1719*
S. 108	Z. 11	statt Theil lies theil
S. 122	Z. 5/6	statt *Bibliographisches* lies *Bibliographisches zu G.*
S. 133	Z. 7	statt *1a 99* lies *1a Nr. 99*
S. 137	Z. 1	statt Glückwünsches lies Glückwünschendes
S. 150	nach Z. 24	ergänze: Geiger, 1947 | Der Wegbereiter Johann Christian Günther. Gedichte. Auswahl und Einleitung: Hannsludwig Geiger. Berlin: Schmidt (1947). 25, 208 S. (Die Klassische Reihe. 1.) – *171 Günther–Texte.*
S. 156	Z. 15	statt 1938 lies 1838
S. 164	Z. 23	statt Schmidkuntz lies Schmidkunz
S. 167	Z. 27	statt Lesbuch lies Lesebuch
S. 182	Z. 14	statt *1979/1979* lies *1977/1979*
S. 183	Z. 1	ergänze: *– Neuausgabe von Teil I+II. Selbstverlag (2014). 1 CD mit 52 S. Booklet.*
	Z. 15	ergänze: *– Die Neuausgabe ohne »Verflucht nicht, ihr Mägdchen«, mit einer Neuaufnahme von »Müdes Hertz«.*
	Z. 30	statt *CD 3,22* lies *CD 2,22*
S. 184	Z. 3–4	statt 1986 lies 1987
	Z. 6	ergänze: *– Auch als CD erhältlich (Günther: Nr. 13).*
S. 187	Z. 25	statt Köln: Böhlau lies Köln, Wien: Böhlau
S. 194	Z. 10	statt zu, lies zum
S. 196	Z. 13	statt Bibliographisches lies Bibliographisches zu G.
S. 197	Z. 21	statt Vergnügung lies Vergnügung müssiger Stunden
S. 201	Z. 24	statt Religion lies Die Religion
	Z. 27	statt Mohr Siebeck lies Freiburg: Mohr Siebeck
S. 203	Z. 3	statt Sinapius lies Sinapius, Schles. Curiositäten
S. 212	Z. 2	statt *Volkstamms* lies *Volksstamms*
S. 213	Z. 30	statt *Gemahl* lies *Gemahlin*
S. 214	Z. 13	statt *deren* lies *dessen*
S. 237	Z. 15	statt *umittelbar* lies *unmittelbar*
S. 238	Z. 1	statt *Z. 5,8,10)* lies *Z. 5,8,10*
	Z. 20–22	Zitat gerade statt kursiv
S. 246	Z. 23	statt *Günthers Entwicklung* lies *Günthers Entwicklung, 1960*
S. 247	Z. 2–3	streiche *in den Liedersammlungen* ⟨...⟩ *Wustmann (1895) und*
S. 251	Z. 17	statt *RGG 4. Aufl. III, 523* lies *RGG 3, 523*
S. 278	nach Z. 6	ergänze: **82 Deum]** Deam $B^3B^4G^2$–G^5G^6Kr
S. 280	Z. 4	statt *s. u. Nr. 5* lies *s. u. Nr. 4*
	nach Z. 29	ergäntze: **18 Tereus]** *Mythischer thrakischer König, der seinen Bruder Dryas ermordete; vgl. Der Kl. Pauly 5, Sp. 605.*

S. 282	Z. 14	statt	dies belohnet meine Müh	lies	nur des Freundes Liebe nicht.
	Z. 22	statt	nur des Freundes Liebe nicht	lies	diess belohnet meine Müh;
	Z. 25	statt	schönst	lies	schönste
S. 312	nach Z. 15,21,27		Leerzeilen um eine Zeile nach unten verschieben		
S. 319	Z. 6	statt	*D 342*	lies	*D, S. 342*
S. 338	Z. 26	statt	*in die*	lies	*in den*
S. 362	Z. 21–22	statt	ani- | etzt	lies	an- | ietzt
S. 363	Z. 16	statt	*Handshrift*	lies	*Handschrift*
S. 376	nach Z. 17	ergänze:	sich noch] sich mehr *C³*		
S. 381	Z. 6	statt	es- prit	lies	esprit
S. 384	Z. 7	statt	*Byzenz*	lies	*Byzanz*
	Z. 29	ergänze:	*Siehe Z. 382 und Der Kl. Pauly 1, Sp. 521*		
S. 385	nach Z. 18	ergänze:	Assaph] *Asaph, Levit, Gesangmeister König Davids, werden die Psalmen 50, 73–83 zugeschrieben; vgl. 2. Chron. 5 u.ö.*		
S. 386	nach Z. 28	ergänze:	**1500** sich noch] sich mehr *C³*		
S. 398	Z. 12	statt	Kaiser	lies	Kayser
S. 404	Z. 17	statt	Aus- | onium	lies	Auso- | nium
S. 405	Z. 15	statt	1714	lies	1713/14

Band II.1

S. 10	Z. 14	statt	selbr	lies	selbst
S. 34	Z. 16	statt	Daß	lies	Das
S. 39	Z. 7	statt	will	lies	Will
S. 44	Z. 12	statt	Raß	lies	Daß
S. 55	Z. 12	statt	trauiger	lies	trauriger
S. 61	Z. 25	ergänze am Rand: 20			
S. 78	Z. 23	statt	werden.	lies	werden,
S. 80	Z. 32	statt	Leichenschafft	lies	Leidenschafft
S. 82	Z. 27	statt	tode	lies	Tode
S. 93	Z. 27	statt	Lebens-lauff	lies	Lebens-Lauff
S. 115	Z. 1	statt	Meyeid	lies	Meyneid
S. 120	Z. 30	statt	Meyeid	lies	Meyneid
S. 161	Z. 161	statt	weiß	lies	wieß
S. 167	Z. 5	statt	dass	lies	das
S. 168	Z. 5	statt	abld	lies	bald
S. 211	Z. 31	statt	gegegnwärtig	lies	gegenwärtig
S. 241	Z. 27	statt	Ausbruch	lies	Ausdruck
S. 250	Z. 28	statt	ein	lies	einen
S. 287	Z. 22	statt	Gelehrsmkeit	lies	Gelehrsamkeit

S. 295	Z. 20	statt Zahn Amornens lies ˋZahn, Amornens
S. 304	Z. 35	statt auch lies auf
S. 326	Z. 4	statt quopue lies quoque
S. 346	Z. 6	statt nobliore lies nobiliore
S. 353	Z. 27	statt Goßen lies Großen
S. 361	Z. 23	statt Damit der lies Damit er
S. 367	Z. 13	statt I. lies L⟨iber⟩ I.
S. 387	Z. 27	statt ale lies als
S. 426	dt. Z. 10	statt des Herz lies das Herz
	dt. Z. 16	statt schneeweißem lies schneeweißen
S. 440	Z. 17	statt änsgtliches lies ängstliches
S. 454	Z. 23	statt bechreiben lies beschreiben
S. 466	Z. 7	statt Meine Engel lies Mein Engel
S. 468	Z. 28	statt Un krönt lies Und krönt
S. 473	Z. 18	statt Tröste lies Troste
S. 508	Z. 23	statt Jn den besten lies Jn besten
S. 527	Z. 8	statt vor lies von
S. 530	Z. 12	statt die lies mit
S. 562	Z. 13	statt endlch lies endlich

Band II.2

S. 6	Z. 27	statt Köln: Böhlau lies Köln, Wien: Böhlau
S. 13	Z. 20	statt Bl. lies Bll.
S. 23	Z. 5	statt 3 lies III
S. 29	Z. 14	statt 40 lies 39
S. 39	Z. 20	statt Es folgt] ⟨...⟩ lies Es folget: GOtt müß] Es folgt Gott müße *EHsKr*
S. 45	nach Z. 21	ergänze: **58** Gurgisch Feuer] griechisch Feuer *Kr*
S. 62	Z. 26	streiche (Hertzen)
S. 68	Z. 28	statt Deutsche Eltern lies Deutsche Eldern
S. 69	Z. 2	statt Zeit lies Fleiß
	Z. 6	streiche: der theure Nahme] der gröste Nahme *Kr*
	Z. 22	statt Nachbar lies Nachtbar
S. 75	Z. 8	statt *du bist* lies *du bist und wilst*
	nach Z. 21	ergänze: **37** zu Tode] zu tode *A*; zu todte *G*; zu Tode *G⁶Kr*
	nach Z. 24	ergänze: **60** Wirckung] Würckung *Kr*
S. 81	Z. 19	statt 46 lies 45
S. 85	Z. 3	statt Joshua lies Josua
S. 92	Z. 10	statt *Dier* lies *Die*
S. 95	nach Z. 32	ergänze: **42** zerdrümmert] zertrümmert *AGG⁶Kr*
S. 98	Z. 5	statt *Chr.* lies *Chr.)*

S. 107	Z. 30	statt *aus dir sol komen* lies *aus dir sol mir komen*
S. 109	nach Z. 3	ergänze: **49** schrecken] schröcken *Kr*
S. 111	nach Z. 12	ergänze: **15** Schrecken] Schröcken *Kr*
S. 112	Z. 33	statt *Matthes* lies *Matthäus*
S. 121	Z. 8	statt Herrmann Elswich lies Hermann von Elswich
	Z. 22	statt *Herrmann Elswich* lies *Herrmann von Elswich*
S. 122	Z. 19	statt unser lied reim lies unser ⟨lied⟩ reim
S. 123	Z. 18	statt *Hs* lies *EHs*
S. 128	Z. 19	statt *Siegmund Hahn* lies *Johann Siegmund Hahn*
S. 135	nach Z. 10	ergänze: **43** Zeugniß] Zeugnüß *Kr*
S. 150	Z. 26	statt *amicum Svidnico-Jauroviense* lies *Svidnico-Jauraviense*
S. 168	Z. 27	statt *Jauroviense* lies *Jauraviense*
S. 169	Z. 14	statt *Jauroviense* lies *Jauraviense*
	Z. 34	statt *75* lies *74*
S. 170	Z. 17	statt *Svidnice-Jaroviense* lies *Svidnico-Jauraviense*
S. 172	nach Z. 14	ergänze: **64** schlüssen] schließen *B²-B⁴G²-G⁵G⁶Kr*
S. 181	Z. 12	statt *belles-lett-| res* lies *belles-| lettres*
	Z. 16	statt *Abracad-| abra* lies *Abraca-| dabra*
S. 184	Z. 9–10	streiche: *(s. o. zu Z. 71)*
S. 195	Z. 31	statt **währe** lies **währe.**
S. 205	Z. 7–19	bei den Varianten lies ⟨ ⟩ (gestrichen) statt ⟨...⟩ (gekürzt)
S. 222	Z. 19	statt *Peleponnes* lies *Halbinsel Peloponnes*
	Z. 22	statt **163** lies **164**
S. 229	Z. 9	statt fas tis lies fastis
S. 238	Z. 2	statt *D 294* lies *D, S. 294*
S. 240	Z. 16	statt *das Paar* lies *der Dichter mit 'Lesbia'*
S. 242	Z. 8	statt *EHs 31* lies *EHs 32*
S. 248	Z. 1–2	statt *Euphrosina Maria* lies *Maria Euphrosina*
S. 269	Z. 6	statt *Frauenzimmer-Lexikon* lies *Frauenzimmer-Lexicon*
	Z. 9	statt *verpotten* lies *verspotten*
S. 294	Z. 7	statt *in der* lies *in den*
S. 307	Z. 3	statt *Kontekt* lies *Kontext*
S. 325	nach Z. 20	ergänze: *Erläuterung* **22** Macht, weil die Finger] *Hier fehlt eine Senkung, wohl um den disharmonischen Inhalt zu unterstreichen.*
S. 342	nach Z. 16	ergänze: **80** Lorbeern] Lorbeer *Kr*
S. 344	Z. 20,21	statt *Fleischlen* lies *Flaischlen*
S. 349	Z. 9	statt *Nr. 45* lies *Nr. 41*
S. 361	Z. 5	statt charissime Hahni lies Charissime H⟨ahni⟩
S. 362	Z. 18	statt 381 lies 351
S. 364	Z. 29	statt Jugend lies Tugend
S. 366	Z. 24	statt *endlch* lies *endlich*
	Z. 25	statt Zeiten. lies Zeiten ⟨...⟩.

Band III.1

S. 127		Z. 6	statt Nachqvartier lies Nachtqvartier
S. 147	dt.	Z. 12	statt Pseudo–Arzte lies Pseudo–Ärzte
S. 233		Z. 17	statt welt lies Welt
S. 234		Z. 4	statt erst lies erste
S. 238		Z. 13	statt doch lies noch
S. 240		Z. 21	statt duch lies durch

Band III.2

S. 42	Z. 11	statt GG^6Kr lies GG^6, würckt Kr
S. 75	Z. 2	statt altes lies alten
	Z. 11–12	statt blut–durstiger lies blut–dürstiger
S. 89	Z. 2	statt Polydorn lies Polidorn
S. 96	Z. 25	statt *Kalbeck* lies *Kalbeck (Hg.)*
	Z. 29	ergänze: – *Fritsches Satire ist abgedruckt in: Hoffmann, Günther-Bibliographie, S. 80–88.*
S. 99	Z. 23	statt expedens lies expendens
S. 103	Z. 27	statt sich ihn lies sich in
S. 104	Z. 12	statt kein kein lies kein
S. 139	Z. 9	statt *Kalbeck* lies *Kalbeck (Hg.)*
	Z. 25	statt plurimun lies plurimum
S. 178	Z. 18	statt *1912* lies *1902*
S. 202	Z. 27	ergänze: *(Ue? 39)*
S. 204	Z. 11	ergänze: *(Ue? 38)*
S. 218	Z. 3	statt *G* lies *GG^6Kr*
S. 224	Z. 2–3	statt en-| trichten lies ent-| richten
S. 239	Z. 1	statt ganz lies gantz

Band IV.1

S. 16		Z. 15	statt un lies nun
S. 267		Z. 17	statt in in lies in
S. 308		Z. 18	statt KInd lies Kind
S. 326		Z. 1	statt adsciberes lies adscriberes
S. 327	nach	Z. 8	streiche Zeilenangaben 10, 15, 20 am Rand
S. 346		Z. 9–10	Textanschluß ohne Leerzeile
S. 356		Z. 16	statt Landsachafft lies Landschafft
S. 360		Z. 23	statt verstehen lies verstehn
S. 382		Z. 23	statt gründenden lies grünenden

S. 384	Z. 11	statt bechliessen lies beschliessen
S. 399	Z. 18	statt fäll lies fällt
S. 412	Z. 72	statt Gerchtigkeit lies Gerechtigkeit
S. 424	Z. 12	statt dauerst lies dauert
S. 430	Z. 29	statt bis lies bist
S. 444	Z. 9	statt bier lies hier
S. 478	Z. 24	statt gewürztes küß lies gewürzter kuß
S. 494	Z. 17	statt welche Gott lies welchen Gott
S. 496	Z. 20	statt ⟨Literarische Notizen⟩ lies ⟨Notizen⟩ (nach Z. 32)

Band IV.2

S. 14	Z. 30	statt das lies dans
S. 17	Z. 8	statt Willibald lies Wilibald
	Z. 9	statt Eggenbrecht lies Eggebrecht
S. 19	Z. 5	statt undn lies und
S. 27	nach Z. 2	ergänze: 11 Doeg] *Edomiter, der dem Saul verriet, daß der Priester Ahimelech David bei der Flucht half, und deshalb alle Priester in Nobe erschlagen mußte; vgl. 1. Sam. 21–22.*
S. 30	nach Z. 18	ergänze: → **Abb. 110–113**
S. 38	Z. 23	statt A⟨nno⟩ 1720. lies A⟨nno⟩ 1722.
S. 44	Z. 10	ergänze: → **Abb. 144–145**
S. 63	nach Z. 20	ergänze: 24 Wirbel] Würbel *Kr*
S. 75	Z. 19	statt Johann lies Johanna
S. 92	Z. 8	statt Bespiel lies Beyspiel
S. 95	Z. 24	statt *Nr. 9* lies *Nr. 6*
S. 101	Z. 2	statt Dere lies Der
	Z. 18	streiche: un.
S. 134	Z. 29–30	statt *Ab-* | *racadabra* lies *Abra-* | *cadabra*
S. 137	nach Z. 16	ergänze: 78 Oden] *Nebenform von Odem, so noch bei Lessing und Goethe; vgl. DWb. 7,1147f.*
S. 140	Z. 23	statt *Spanische* lies *Spanischen*
S. 156	Z. 4	statt Gande lies Gnade
S. 160	Z. 3	statt *Ferdiand* lies *Ferdinand*
S. 170	Z. 10	statt *Der Reiche Grund* lies *Der Reiche Grund* A^3-A^5G^1-G^4G^6Kr
S. 178	Z. 22	statt *seine* lies *sein*
	Z. 26	statt *Mitglieder* lies *Mitglied*
S. 195	Z. 1	statt *Landesbut* lies *Landeshut*
S. 232	Z. 7	statt *Kr I* lies *Kr II*
S. 239	Z. 2	statt Verlassenen lies Verlaßnen
S. 241	Z. 26	ergänze: *(Zeitfolge, S. 62)*
	Z. 28	ergänze: *(Zeitfolge, Bl. 22ʼ)*

S. 259	Z. 10	statt PIndus lies Pindus
S. 276	Z. 6	statt ni lies anni
S. 290	Z. 18	statt *(S. 24–25)* lies *(Günther, S. 24–25)*
S. 299	Z. 10	streiche: *??*
	Z. 35	statt A^1A^3 lies A^1A^2
S. 306 nach	Z. 24	ergänze: 18 Ehren, zu.] Ehren. A^1; Ehren, zu. A^2–A^5G^2–G^5G^6Kr
S. 308	Z. 31	statt *aufeianderle–* lies *aufeinanderle-*
S. 311	Z. 24	statt *Käpfer* lies *Kämpfer*
S. 324	Z. 27	statt Johann lies Johanna
S. 325	Z. 19	statt erblichen lies erbliehn (?)
S. 338	Z. 21	streiche: *aber*
S. 341	Z. 25	statt Ü 1723. Jan. lies Ü –] 1723. Jan.
S. 347	Z. 4,5	statt ‚Lie- | nitzer' lies 'Lieg- | nitzer'
	Z. 5,6	statt Lie- | nitz lies Lieg- | nitz
S. 352 nach	Z. 1	ergänze: 1 kommst du] kommstu *Kr*
S. 373	Z. 18	statt *Freunschafts-Gedichte* lies *Freundschafts-Gedichte*
S. 375	Z. 33	statt *n* lies *in*
S. 384	Z. 3	statt ⟨Literaturliste⟩ lies Literaturliste
S. 406	Z. 6	ergänze: 7.10.1721
S. 412 nach	Z. 14	vertausche die Titel: [Büchner] – Carmina – Corvinus – Cubach
S. 413	Z. 12	statt 1739´8 lies 1739
S. 418	Z. 2	statt Unständliche lies Umständliche
	Z. 12	statt 17 Erg.-Bde lies 20 Erg.-Bde
	Z. 14	statt (2010) lies (2013)
S. 426 nach	Z. 21	streiche Z. 22–25 Heckel
S. 427	Z. 11	statt jahrhunderten lies Jahrhunderten
S. 437	Z. 16,17	statt Sontagsbeil. (...) –320. lies Sonntagsbeil. Nr. 39, S. 309–311; Nr. 40, S. 318–320.
S. 442	Z. 4	statt das lies dans
S. 443	Z. 12	ergänze: *(S. 3, 45, 52)*
S. 445	Z. 18	statt Internationel lies Internationale
S. 448	Z. 6,13	statt Stüben lies Stüben (Hg.)
S. 450	Z. 7	statt in: lies In:

Personennamen

S. 451	Z. 3	statt I 3, 19; II 224 lies I 3, 19, 173; II 224, 226, 230
	Z. 4	statt I 266 lies I 263
	Z. 15	statt II 102, 167 lies II 102, 165, 167
	Z. 26	statt I 362 lies I 143, 362
	Z. 28	statt I 269, 358 lies I 269, 288, 299, 358
	Z. 31	statt II 295 lies II 295, 306

S. 452	Z. 6	statt IV 400 lies II 211; IV 400
	Z. 32	statt IV 287 lies I 287; IV 287 (sic)
	nach Z. 32	ergänze: Aspar, Flavius Ardabur .... I 279
S. 453	nach Z. 2	ergänze: Attila .... I 294
	Z. 4	statt III 133 lies II 152, 154, 156–158; III 133
	Z. 6	statt I 14, 111 lies I 14, 36, 111
	Z. 8	statt II 152, 285 lies II 152, 164, 250, 285, 328
S. 454	Z. 15	statt II 225 lies II 225, 469
	Z. 17	statt II 75, 375 lies II 75, 375, 378
	nach Z. 18	ergänze: Brenno .... II 258, 262
	Z. 25	statt IV 400 lies II 211; IV 400
S. 455	Z. 3	statt I 157 lies I 34, 157
	Z. 13	statt III 125 lies II 210; III 125
	nach Z. 22	ergänze: Cathrinchen.................... II 173
	Z. 23	statt II 407 lies I 173; II 407
	Z. 28	statt Jean IV 395 lies Jean ....IV 395
S. 456	Z. 22	statt II 261, 280 lies II 179, 261, 280, 281
	Z. 24	statt II 281, 284 lies II 281, 284, 294, 299
	Z. 27	statt Dentatus IV 352 lies Dentatus................IV 352
	nach Z. 35	ergänze: Dante .... II 261
S. 457	Z. 1	statt II 80, 424 lies II 80, 366, 424
	Z. 6	statt I 19, 24, 37, 72 lies I 9, 19, 24, 37, 72, 101, 173, 287, 337;
		statt II 91, 146 lies II 91, 146, 156, 208, 369
	Z. 12	statt I 20 lies I 20, 363
	Z. 15	statt I 350 lies I 310, 350
	Z. 33	statt I 38, 51 lies 38, 42, 45, 49, 51, 53
S. 458	Z. 5	statt I 79 lies I 4, 79
	Z. 19	statt I 262 lies I 261
	Z. 20	statt II 211, 321 lies II 211, 321, 327, 373
	Z. 24	statt II 332 lies II 249, 294, 332
	Z. 25	statt II 177 lies II 169, 177
	nach Z. 36	ergänze: Fausta .... I 8
S. 459	Z. 8	statt II 274 lies II 212, 274
	Z. 11	statt II 210, 353 lies II 210, 327, 353
	nach Z. 12	ergänze: Florette .... I 193
	Z. 23	statt II 148 lies II 148, 154, 159
	nach Z. 32	ergänze: Fuscia .... II 447
	Z. 34	statt II 191 lies II 191, 233
S. 460	Z. 16	statt I 157 lies I 157; II 249
	Z. 17	statt 238, 240, 245 lies 236, 238, 240, 245, 251, 254
	Z. 25	statt II 350 lies II 210, 350

	Z. 31	statt 207, 323, 326, 340 lies 207, 247, 323, 326, 340, 347, 405, 465
	Z. 32	statt 375, 513 lies 375, 405, 513
S. 462	Z. 3	statt II 329 lies I 167; II 210, 329
	Z. 6	statt II 124, 139 lies II 124, 139, 158, 177, 208
	Z. 17	statt II 405 lies 298, 405
	Z. 26	statt I 25, 55 lies I 25, 55, 80
nach	Z. 32	ergänze: Jeremias .... I 19
	Z. 36	statt II 245, 330 lies II 245, 330, 438
S. 463	Z. 2	statt II 365, 366 lies II 365, 366, 369
	Z. 3	statt II 130, 359 lies II 130, 336, 359
	Z. 5	statt I 26, 33 lies I 26, 33, 288
	Z. 9	statt 270, 283 lies 270, 283, (299)
	Z. 15	statt II 140, 233 lies II 140, 211, 233
	Z. 16	statt II 338, 370 lies II 338, 370, 373
S. 464	Z. 16	statt II 138 lies II 138, 141, 142, 144
	Z. 35	statt I (105); II 117 lies I (105), 106; II 117, 211
S. 465	Z. 8	statt I 262 lies I 261
nach	Z. 19	ergänze: Logau, Friedrich Frh. von .... II 212
	Z. 23	statt II 523 lies II 523, 542
	Z. 27	statt I 362 lies I 361
	Z. 29	statt II 150 lies II 150, 259
	Z. 31	statt II 212, 328 lies II 212, 328, 336
nach	Z. 35	ergänze: Luther, Martin .... II 223
nach	Z. 36	ergänze: Lysander .... I 285
S. 466	Z. 10	statt II 114, 349 lies I 7; II 114, 349
	Z. 12	statt I 262 lies 261
	Z. 23	statt II 149, 247 lies II 149, 244, 247
S. 467 nach	Z. 11	ergänze: Mentzel .... II 401
	Z. 22	statt II 73, 334 lies II 73, 334f., 339
nach	Z. 31	ergänze: Mor .... II 258
	Z. 33	statt I 7, 54 lies I 7, 20, 54; statt II 27 lies II 27, 227, 256
S. 468	Z. 3	statt IV 365 lies II 187, 193; IV 365
	Z. 6	statt 338, 356 lies 338, 350, 356
	Z. 14	statt II 46 lies II 46, 178, 185
	Z. 15	statt II 246 lies II 210, 246
	Z. 22	statt II 25 lies I 71; II 25, 268, 386, 393
	Z. 29	statt 329, 350 lies 329, 350, 352
S. 469	Z. 5	statt Paracelsus .... s. Theophrast lies Paracelsus s. Theophrast
	Z. 8	statt IV 66 lies I 4, 288; II 262; IV 66
	Z. 18	statt I 159 lies I 159, 236
nach	Z. 19	ergänze: Petronius .... II 282

	Z. 21	statt 311, 368 lies 311, 368, 371
	Z. 28	statt II 368 lies I 247; II 368
S. 470	Z. 2	statt IV 287 lies I 173; IV 287
	Z. 5	statt Plato lies Platon
	Z. 11	statt II 348 lies I 33; II 348
	nach Z. 18	ergänze: Praxiteles .... I 163
		ergänze: Priscian(us) .... II 296
	Z. 19	statt I 340 lies 266, 340
S. 471	Z. 6	statt II 247 lies II 189, 247
	Z. 16	statt II 249 lies I 34; II 249
	nach Z. 25	ergänze: Ruges/Rugas .... I 280
	nach Z. 26	ergänze: Sabinchen .... II 22
	Z. 27	statt IV 156 lies I 101; IV 156
S. 472	Z. 4	statt II 381 lies I 72; II 381
	nach Z. 4	ergänze: Saul(us) .... II 262
	Z. 8	statt II 139 lies II 139, 141, 142
	Z. 12	statt I 80 lies I 80f., 101
	Z. 36	statt II 372 lies II 330, 372
S. 473	Z. 18	statt 99, 382 lies 99, 355, 382
	Z. 20	statt I 21, 37 lies I 21, 37, 182
	Z. 21	statt I 20, 39, 172 lies I 20, 39, 172f.
	Z. 23	statt I 157 lies I 157, 211, 284; II 435
	nach Z. 28	ergänze: Solymann/Soliman III. .... II 180
S. 474	nach Z. 7	ergänze: Steps .... II 261
	Z. 19	statt I 287 lies I 287; II 57
	nach Z. 26	ergänze: Tamerlan .... I 269
S. 475	Z. 12	statt III 117; IV 220 lies II 152; III 117; IV 220
S. 476	nach Z. 5	ergänze: Wentzel I. (Heiliger) .... II 210
	Z. 11	statt I 118 lies I 118, 121
	Z. 13	statt II 147 lies II 147, 156
	Z. 29	statt II 204 lies I 261; II 204
	Z. 31	statt I 149 lies I 149, 151, 152
S. 498	Z. 15	statt denn lies den
	Z. 16	statt (von J. S. Scholze/Sperontes) lies (J. S. Scholze/Sperontes)